Deus, Deus...
NEGÓCIOS À PARTE

MAURICIO DE CARVALHO

Deus, Deus...
NEGÓCIOS
À PARTE

AGIR

Copyright © 2010 by Mauricio Guadagnini Menezes de Carvalho

Direitos de edição da obra adquiridos pela Agir, selo da Editora Nova Fronteira Participações S.A., uma empresa do Grupo Ediouro Publicações.

Rua Nova Jerusalém, 345 – Bonsucesso – 21042-235
Rio de Janeiro – RJ – Brasil
Tel.: (21) 3882-8200 – Fax: (21)3882-8212/8313
www.ediouro.com.br

Texto revisto pelo novo Acordo Ortográfico.

CIP-Brasil. Catalogação na fonte
Sindicato Nacional dos Editores de Livros, RJ

C325d Carvalho, Mauricio de Deus, Deus... negócios à parte / Mauricio de Carvalho. - Rio de Janeiro : Agir, 2010.

ISBN 978-85-220-1216-9

1. Negócios - Aspectos religiosos. 2. Administração - Aspectos morais e éticos. 3. Deus. 4. Religião. 5. Sucesso nos negócios. I. Título.

CDD: 650.1
CDU: 005.336

SUMÁRIO

Que título é esse?	9
Vivemos de escolhas	10
Julgar ou entender as diferenças?	12
Considerações que nos fazem pensar — nossa vida no universo	13
Indivíduos: situações semelhantes, escolhas diferentes	15
O espírito se manifesta nas diferenças	19
Somos um "mix" de diferenças	20
Nem todo mal é mau	21
Escolher o quê, a partir do quê?	23
O futuro é aberto	24
Nas incertezas do futuro posso ver o espírito	26
Escolhemos num lugar e num momento	28
Presente/futuro	29
Onde, o espaço	32
Espaço e tempo, uma coisa só	33
Ser: presente, passado e futuro	34
O espírito existe no presente	36
Mas... não podemos perder tempo!	38
Qual é o tempo verdadeiro?	40
Arrogância — espaço e tempo dos sabidos	41
Competição — espaço e tempo dos vencedores	43
Seja o primeiro de modo diferente	45
Podemos ser os primeiros a dividir	48
Podemos ser os primeiros a dividir o que não nos sobra	49
Competir ou guerrear?	50

A guerra nasce nos corações	54
Somos inteligentes, justificamos	56
Onde fica o espírito?	58
A dimensão do espírito — espaço e tempo verdadeiros	60
Convergência ou concorrência?	63
Acumulação — espaço e tempo do ter mais e mais	66
O dinheiro, esse mediador	67
O mediador que, às vezes, separa	69
Bem-sucedido, o que significa?	70
É possível humanizar a acumulação	71
Acumular ou prosperar?	73
A vida com sentido — tempo e espaço do espírito	75
Meu foco, meu sentido — cuidado!	77
Sentido: escolha sem garantia	78
Nas pequenas coisas, o grande sentido	80
Ética — tempo e espaço de todos	82
Vivemos num mundo conflitivo	84
Até onde respeitar?	86
O nó da questão	87
Ética x moralismo	88
A vida é prática. E a ética?	89
Afastar-se: o único caminho?	92
Os fins ou os meios?	94
Falando com o coração — tempo e espaço de Deus	96
Despedida	99

*À Tânia, esposa, amiga,
companheira, tudo...
Ao Marcelo e à Natália, nossos filhos,
dois presentes.
À dona Olguinha, que nos trouxe a Eb.
À Eb, com muitas saudades.
Aos meus pais... para sempre
Pessoas que nos ensinaram que a vida
vale a pena.*

QUE TÍTULO É ESSE?

Normalmente encontramos a ideia de Deus ligada à criação, à natureza, à explicação da existência humana, às religiões. As pessoas falam de Deus em momentos de felicidade, medo, sofrimento e insegurança.

Lembro-me de quando eu lecionava na faculdade uma disciplina na área de Sociologia das Religiões e, no início do ano letivo, perguntava à classe, a título de provocação: "Quem aqui acredita em Deus?". Poucos levantavam as mãos, de modo tímido; acho que, se fosse hoje, mais pessoas levantariam. Na época, muitos talvez quisessem fazê-lo, mas, como ainda não conheciam os colegas, preferiam não se manifestar. Logo em seguida, eu perguntava: "E quem aqui rezou para passar no vestibular?". Quase todos levantavam as mãos em meio aos risos que a contradição causava.

A ideia de Deus é assim mesmo. Às vezes é clara, às vezes é contraditória, às vezes nos causa dúvidas, às vezes a negamos, outras vezes nos confunde. Mas vale sempre a pena refletir sobre o assunto.

E por que "Deus, Deus... negócios à parte"? O que Deus tem a ver com a vida dos negócios, com a vida empresarial, com a vida corrida que levamos? Teria mesmo algo a ver com a vida? Há quem pergunte.

Nesse caso, temos de pensar um pouco sobre a vida. Afinal, vivemos e temos consciência disso. Podemos pensar nossa vida, mas também podemos viver sem pensá-la. Só não queremos nos dar conta, um dia, de que ela simplesmente já passou.

VIVEMOS DE ESCOLHAS

Para respondermos a essas e a outras indagações semelhantes sobre Deus e sobre a vida, o primeiro passo é nos conscientizar de que a vida acontece de acordo com nossas escolhas.

É comum você estar no trabalho concentrado em resolver um problema ou em desenvolver um projeto quando, sem aviso prévio, alguém entra e interrompe sua concentração. É escolha sua receber esse alguém sorrindo — como se aquele momento fosse único —, ou aborrecido, como se aquele momento não devesse existir e tivesse de passar logo. A escolha é sua.

Ações e reações são, na maioria das vezes, escolhas. São nosso modo de ser. Se perguntarmos à filosofia o que é "ser", teremos várias e elaboradas definições, algumas muito curiosas.

Parmênides, por exemplo, que nasceu em 530 a.C, dizia que o ser é imutável, uno, indivisível, incorruptível. E a mudança que vemos em nosso mundo não passa de ilusão. Dizia algo como "o ser é, o não ser não é". Assim, o que não é não pode tornar-se o que é. Por isso a mudança que observamos à nossa volta é uma ilusão. Já Heráclito, contemporâneo de Parmênides, afirmava que a essência do ser é a mutação, é o tornar-se, é o fluir.

Aristóteles, nascido em 384 a.C, postulava que o ser está na origem, é a causa primeira de tudo o que é. O movimento e a mudança equivalem a tornar-se aquilo que ainda não é, portanto, imperfeição. O ser é causa da mudança, do movimento, mas ele mesmo, por ser perfeito, já é tudo o que poderia ser. É uma espécie de "motor imóvel".

Também encontramos outras definições de "ser" em filósofos mais contemporâneos. Um exemplo é o francês Gabriel Marcel, nascido em 1889, que dizia que o ser se manifesta na relação de cada um consigo mesmo, com os outros e com o mundo. Sua abordagem, como a de vários filósofos da época, não era lógica, racional, mas existencial. Gosto desse exemplo, pois para Gabriel Marcel a atitude fundamental do indivíduo para perceber o ser era esperança.

Porém, em nossa vida prática, ser significa agir e reagir. "Eu sou" significa "eu ajo e reajo" ao ambiente, aos acontecimentos e às pessoas da maneira como quiser.

Das pequenas escolhas, interpretadas apenas como reações de momento, às grandes decisões que modificam o rumo de nossa vida — como mudar de país ou de emprego, casar-se, separar-se —, o fato é que escolhemos sempre.

Até Deus é uma escolha.

Quando falamos de Deus, espírito, relacionamento, comportamento, ética, atitudes, é mais comum analisar a posição dos outros — tendo a nossa como referência —, o que equivale a assumir, de modo consciente ou não, a postura de juiz das opções alheias. Mas o que interessa são nossas escolhas. A elas devemos dirigir o olhar.

Você está num almoço com colegas de outras empresas do mesmo ramo. A conversa é sobre o comportamento do mercado e dos clientes e a atitude dos funcionários envolvidos nessa atividade. Você ouve várias opiniões. Concorda com umas, discorda de outras. Nem sempre expressa essa concordância ou discordância em voz alta. O que ouve são modos de conduta assumidos por seus colegas, baseados em valores que eles escolheram — valores que consideram ou não a pessoa humana, o relacionamento, a ética, o espírito.

Numa situação assim, não é sempre mais comum e mais fácil julgarmos a posição dos outros?

JULGAR OU ENTENDER AS DIFERENÇAS?

Ao refletir sobre a vida, sobre o espírito e sobre Deus, não nos interessa discutir a escolha de ninguém, julgando-a como "certa" ou "errada", apesar de essa atitude estar arraigada em nossos hábitos. Julgar o certo e o errado, nesse nível, é uma tarefa mais apropriada a deuses, não a humanos. Própria daqueles privilegiados, diria, que distinguem o bem do mal, que provaram com sucesso o sabor do fruto da árvore da sabedoria.

Mais sábio é admirar a grandeza do universo, a perfeição da natureza, a diversidade da manifestação da vida e seus mistérios. Com essa atitude, podemos respeitar as escolhas de cada um e, quem sabe, refletir sobre os motivos — pelo menos aqueles aparentes — que nos levaram e nos levam a fazer as escolhas na vida.

CONSIDERAÇÕES QUE NOS FAZEM PENSAR NOSSA VIDA NO UNIVERSO

Medimos habitualmente as distâncias e as dimensões do universo em que vivemos tomando como padrão a velocidade da luz. Em uma hora, a luz percorre no vácuo em torno de 1,07 bilhão de quilômetros, o que corresponde a aproximadamente 300 mil por segundo. Antes de você marcar três segundos em seu relógio, um raio de luz partindo da Terra alcançará a Lua e retornará. Em um ano, a luz viaja aproximadamente 9,5 trilhões de quilômetros.

Nosso planeta é um dos oito que compõem o Sistema Solar, que fica na galáxia conhecida por nós como Via Láctea. O diâmetro da Via Láctea tem cerca de 100 mil anos-luz. O Sistema Solar está a quase 27 mil anos-luz do centro da galáxia.

Galáxias são aglomerados de estrelas, nebulosas e poeira de gases. Muitas podem conter mais de 100 bilhões de estrelas. A Via Láctea está entre as que possuem cerca de 200 bilhões.

Galáxias iguais e maiores que a nossa povoam aos milhões o universo. A mais próxima da Via Láctea é Andrômeda, que está a mais de dois milhões de anos-luz de distância. Seu diâmetro foi calculado em cerca de 250 mil anos-luz.

Nosso planeta tem o modesto diâmetro de 12,7 mil quilômetros e existe há aproximadamente 4,5 bilhões de anos. O Sol que nos ilumina é uma estrela de cerca de 1,4 milhão de quilômetros de diâmetro e começou a existir na mesma época que a Terra. A distância de nosso planeta ao Sol está em torno de 150 milhões de quilômetros ou 8 minutos-luz.

Quanto ao universo, estima-se que teve início entre 13 e 14 bilhões de anos atrás e seu diâmetro é de cerca de 27 bilhões de anos-luz — e continua em expansão. Há estrelas que se formaram e se desfizeram, e sua luz ainda não atingiu nosso planeta.

No outro extremo, a ciência mergulha em busca de partículas cada vez menores, tentando explicar a origem, a composição e o funcionamento de tudo o que vemos. Às partículas atômicas — elétrons, prótons e nêutrons — seguem-se as subatômicas: quarks, léptons, mésons, bárions, fótons e grávitons. A ciência busca chegar às menores porções de "matéria-energia".

Um átomo é composto, em seu núcleo, por prótons, nêutrons e elétrons, em órbita ao redor do núcleo. Uma gota d'água contém aproximadamente seis sextilhões de átomos. Imaginemos, se formos capazes, a dimensão dessas novas partículas, muito menores que as já conhecidas: prótons, nêutrons e elétrons.

Entre a expansão máxima do universo e a menor subpartícula que compõe a matéria-energia estão nosso planeta, a vida que nele se manifesta e nós, seres humanos. Se olharmos numa direção, somos poeira; se olharmos noutra, somos gigantes.

Quantos planetas existirão no universo? Só no Sistema Solar são oito. No nosso, a vida se manifesta numa tal variedade que vai de formas microscópicas, como o vírus e a bactéria, a animais como o elefante, a girafa e o camelo. Vai da sensibilidade dos vegetais, do instinto e das formas elementares de inteligência dos animais à complexa inteligência humana, capaz de raciocínio altamente abstrato. Todas essas formas de vida têm incrível capacidade de adaptação: existem organismos que habitam as profundezas escuras do oceano, os grandes desertos, as regiões tórridas, as glaciais e até dentro de outros organismos. Nosso próprio corpo carrega uma infinidade de formas de vida que dependem dele.

E a diversidade do ser humano, quanto poderíamos falar sobre ela? Diversidade de culturas, de modos de pensar, de línguas, de religiões, de filosofias, de gostos, de reações e de escolhas. Cercados por toda essa realidade diversificada estamos eu, você e qualquer um.

Quem somos nós? Quem sou eu? Quem somos nós que julgamos a tudo e a todos? Julgamos a partir do quê?

INDIVÍDUOS: SITUAÇÕES SEMELHANTES, ESCOLHAS DIFERENTES

Apesar de nossa aparente semelhança, nossas diferenças não são só de cultura, de raça e de origem: somos diferentes também como indivíduos. Essas diferenças são tão marcantes que, no mesmo ambiente cultural, indivíduos reagem de forma muito variada a situações semelhantes e comuns à vida de todos.

A título de exemplo, podemos lembrar algumas dessas singulares reações que marcaram a História: a de Gandhi à dominação inglesa na Índia. Talvez, se ele tivesse recorrido às armas, como muitos de seus antecessores, nada de diferente acontecesse; a de Jesus frente ao domínio romano e aos doutores da lei; a de Martin Luther King na luta não violenta contra a segregação racial nos Estados Unidos. Essa luta fez dele a pessoa mais jovem a receber o Nobel da Paz, em 1964, e poucos anos mais tarde, em 1968, o levou à morte por assassinato; a de Nelson Mandela contra o apartheid na África do Sul. Devido a seu ativismo, ele ficou preso durante 26 anos. Libertado em 1990, saiu da prisão como líder de seu povo e, em 1994, tornou-se o primeiro presidente negro da África do Sul. Um ano antes, dividiu o Nobel da Paz com Frederik de Klerk, a quem sucederia na presidência; a do jovem Albert Einstein à concepção da Física newtoniana ensinada por seus professores.

Eu poderia fazer uma grande lista de políticos, filósofos, cientistas, inventores, líderes religiosos e outros que admiro. Outras pessoas, como você, fariam listas diferentes, com outros nomes.

E os anônimos, aqueles que a História não registra nem perpetua? Quantas ações e reações interessantes a determinada situação de vida; casos que cada um de nós conhece e pode contar.

Permito-me narrar um fato interessante, de anônimos, que aconteceu com nossa família. Conhecemos uma senhora que passou a trabalhar em nossa casa de praia, fazendo limpeza algumas vezes por semana. Pessoa simples e trabalhadora. Não conhecia as letras. Não escrevia o próprio nome. O bom humor e a alegria eram suas características marcantes. Chamava-se Sandra.

Nessa época, outra pessoa ligada à nossa família, Flávia, já vivia conosco havia 54 anos. Nós a chamávamos de Eb, apelido carinhoso dado por nosso filho mais velho quando tinha 5 anos. Eb foi acometida por um câncer de pulmão e nos deixou sete meses após a descoberta da doença. Segundo os médicos, não havia muito o que fazer, a não ser estar com ela até seus últimos momentos. Foi o que fizemos. Nossa família sofreu muito, mas fomos até o fim com nossa querida Eb.

E Sandra? Ela conhecia Eb fazia pouco tempo, dos fins de semana que passávamos na casa de praia. Numa dessas ocasiões, minha esposa acordou mais cedo e ouviu barulho no andar de baixo. Foi ver do que se tratava. Era Sandra, chegando com Eb apoiada em seu ombro. Ela já estava doente. Então, ficamos sabendo que, toda vez que íamos para lá, Sandra, sem falar nada, chegava mais cedo e levava Eb para passear na beira do mar: "Isso faz muito bem para ela", foi seu único comentário. Alguns meses depois, Eb partiu.

Sandra morava de aluguel num pequeno cômodo que estava sendo requisitado pela proprietária. Conseguiu um terreno onde construiu um barraco de madeira. Logo que se mudou, fez questão de que fôssemos conhecer sua nova moradia. Era um barraco provisório, de cômodo único, com uma divisão no meio. O banheiro era do lado de fora, nos fundos do terreno. Na frente do barraco havia um tanque a céu aberto que servia de pia. Água e luz eram "emprestadas" do vizinho. A rua era precária e quando chovia virava um lamaçal.

Quando chegamos, a alegria em seus olhos e em suas palavras nos sensibilizou. Ela mostrava tudo com muito orgulho, explicando cada detalhe: "Essa é minha pia e meu tanque." "Aqui é o quarto. Assim que tiver armário, vou colocar as roupas." Tudo era limpinho e muito arrumado. Sandra nos mostrou o quintal, ainda irregular, úmido e com os tocos dos arbustos que cortara: "Ali vou colocar o varal." "Lá vou criar umas galinhas." "Aqui vou fazer uma hortinha." "Ah! Eu adoro esse meu cantinho."

Aquele barraco miúdo, quente, com o quintal ainda por cuidar, numa rua lamacenta, preenchia mais a vida daquela mulher do que talvez uma rica cobertura para um de nós. E ela valorizava tudo aquilo, não se cansava de mostrar o que ainda faria e de demonstrar alegria.

Olhei para uma das laterais do terreno, em frente ao barraco, e vi um pequeno canteiro redondo, com uns oitenta centímetros de diâmetro, tosco, cercado por pequenos gravetos enfiados no chão, formando uma proteção de aproximadamente trinta centímetros de altura. No seu interior, várias plantinhas com flores coloridas.

Continuei olhando. Em minha cabeça, os pensamentos passavam rápidos, juntando-se à admiração. Como essa mulher, que tenta satisfazer de modo precário suas necessidades básicas de habitação, consegue fazer um jardim? Como é possível? Lembrei-me até dos quadros de Salvador Dalí, particularmente daquele do sofá no deserto. Estava pensando, olhando fixo para as flores, quando fui despertado: "Esse é o meu jardim!" — era Sandra.

"Que lindo!", exclamei. Olhei para minha mulher e vi, no encontro de nossos olhares, que ela, exatamente como eu, esforçava-se para conter a emoção. Depois confirmamos: pensávamos algo muito parecido naquele momento. O pequeno jardim, com aquelas flores, plantado num ambiente tão adverso, úmido, com lama, nada mais era do que uma parte da alma de Sandra materializada e externada por ela.

Era mais que um símbolo, era uma realidade. Era a própria Sandra, sempre sorrindo, brincando, de bom humor, mesmo em meio aos tocos e ao chão úmido da vida... Sempre florindo. Era seu espírito.

Na hora, só pude comentar: "É, Sandra, você não é fácil." Percebemos, minha mulher e eu, que estávamos diante de um espírito que naquele momento nos ensinava alguma coisa sobre a vida.

Algum tempo depois, Sandra foi trabalhar em outro lugar. Não tivemos mais notícias dela. Certamente segue suas escolhas.

Quantos outros fatos cada um de nós conseguiria narrar? Quantos anônimos encontramos em nossa vida que reagiram de modo diferente a problemas iguais? Cinco? Dez? Cem? Quantos você conhece? Somos bilhões de indivíduos no planeta.

O ESPÍRITO SE MANIFESTA NAS DIFERENÇAS

Diante de toda essa realidade do universo, do nosso planeta, da variedade da vida, das sociedades, dos indivíduos, nossa atitude mais razoável não seria a contemplativa ou admirativa, se assim podemos chamar? Uma atitude que nos leva, de um lado, às indagações mais radicais sobre mim e sobre a vida e, de outro, ao respeito pelas diferenças?

Por que eu, entre bilhões de indivíduos do planeta, vou ser eleito por um único voto — o meu — juiz das diferenças, da realidade e das escolhas de cada um sobre certo e errado? Eu vou dizer às pessoas em que devem ou não acreditar? Em sã consciência, eu posso fazer isso? Você pode? Alguém tem esse poder?

É preferível olhar as muitas maneiras que as pessoas elegem para viver, seu modo de ser, seus valores e refletir sobre eles, até porque estes modos e valores também são possibilidades para nós. Não os ver, não os considerar, seria tornar a vida mais pobre.

Nosso espírito se manifesta de muitos modos, mas certamente é nas diferenças que mais aparece a riqueza de suas dimensões. Poderíamos falar o mesmo de Deus.

SOMOS UM "MIX" DE DIFERENÇAS

Ao observar as pessoas ao nosso redor, em nossa sociedade, na mídia ou no trabalho, encontramos as mais diversas escolhas vividas pelos indivíduos. Pode-se optar pelo poder, pelo dinheiro, pela abnegação, pela política, pela vaidade, pela fama, pelo sucesso, pelo trabalho, pelo gozo da vida, pelo "mix" de todas as anteriores e mais algumas.

De certo modo, as escolhas são dimensões do ser humano que se manifestam na vida das pessoas. O que varia talvez seja a dosagem.

Um artista, ao terminar sua apresentação, sente uma satisfação ilimitada ao receber aplausos da plateia. O mesmo sentimento tem o aprendiz de pedreiro que recebeu elogios do mestre de obras pela parede que rebocou com perfeição. Os aplausos e os elogios impulsionam o artista e o pedreiro a continuar suas carreiras. Despertam e alimentam sonhos.

O cantor se tornou famoso no país inteiro ao frequentar programas de rádio e televisão com uma música de sucesso. Os doces de dona Maria agradam a toda a vizinhança. Ela se sente famosa por isso.

Certo país é governado por um ditador que há anos julga ter os melhores caminhos para seu povo. O dono de uma empresa toma as decisões ouvindo mais a própria opinião do que a dos colaboradores. Há também aquele dedicado chefe de família que controla sua casa com rédeas curtas, que consulta os filhos e a esposa, mas não admite ser contrariado.

O ditador, o empresário e o pai de família se sentem importantes porque decidem. Escolheram, cada um em seu "hábitat", escolher pelos outros.

NEM TODO MAL É MAU

O poder não é só dos poderosos, a fama não é só dos famosos, a vaidade não é só dos vaidosos: esses elementos convivem em nossa personalidade, expressam-se em nossos relacionamentos. Em cada um de nós vive o ditador, o democrata, o altruísta, o egoísta, o forte, o fraco. A tentação em que caímos é classificar esses adjetivos como "bons" e "maus" e achar que só temos os "bons". Os "maus" são dos outros. Como agir? Como é possível nos libertarmos desse tipo de juízo se sempre aprendemos a ver atitudes e comportamentos como bons e maus, se sempre aprendemos a reprimir os maus e exaltar os bons? Como abandonar essa classificação de "bom" e "mau"?

Um dos segredos é saber que a dosagem dessas características, o grau de predomínio de uma sobre a outra, é escolha nossa. Essa prática é difícil, mas faz toda a diferença.

Não imaginemos ingenuamente uma escolha intelectual, na qual compomos um "mix" de características repartidas percentualmente. Seria engraçado um indivíduo escolher 40% de altruísmo, 20% de democracia, 10% de coragem, 10% de compreensão, 10% de bom humor, 3% de egoísmo, 3% de maus juízos, 2% de autoritarismo e 2% de mau humor.

A realidade é complexa. Lidamos com comportamentos e atitudes permeadas pelo meio social em que vivemos, por nossa história pessoal, por nossas emoções. Em um indivíduo predomina o ditador, em outro, o altruísta, num terceiro, o democrata, e por aí afora. Sentimos variações em nós mesmos. Você deve perceber que há situações, momentos, dias em que se sente mais compreensivo, capaz de escutar e dialogar. Em outras circunstâncias, tende ao retraimento, ao mau humor e ao autoritarismo.

Temos de saber quais aspectos enfatizar. Tarefa difícil. Nossas reações muitas vezes parecem instintivas. Como falar de escolha?

ESCOLHER O QUÊ, A PARTIR DO QUÊ?

Um "mix" de características e atitudes nos constituem como pessoas. Elas não são meras qualidades acidentais em nossa vida, mas verdadeiras dimensões de nosso ser. Escolher a dosagem delas é um dos segredos da vida. Nesse momento, cada um de nós talvez se pergunte: escolher o quê, a partir do quê? A partir do que gostamos, do que almejamos, do que sonhamos, do que julgamos como certo, do mais interessante, melhor ou mais eficaz.

Quanto a mim, acho que as escolhas feitas a partir da nossa dimensão espiritual podem criar um equilíbrio na dosagem dos muitos aspectos a nós inerentes e que nos constituem: alegria, poder, trabalho, amor, respeito, combatividade, sagacidade, simplicidade, vaidade, egoísmo etc. Na prática, a única coisa que posso escolher é a busca incessante do equilíbrio. Incessante porque diária.

A beleza de uma música depende da harmonia de sua escala e de seu ritmo. A beleza da nossa vida depende da harmonia de nossos valores, atitudes e emoções. Um bolo é feito de vários ingredientes, mas ele só será gostoso se esses ingredientes estiverem em proporções que lhe conferem o sabor desejado.

A vida também pode ser bela e saborosa se os ingredientes estiverem misturados na proporção certa. É um pouco diferente da música e do bolo. Mais complexa. A música não pode ter ruídos. O bolo não pode solar. Nós temos ruídos dentro de nós mesmos. Algumas vezes temos um dia, um mês, um período, um momento "solado" de nossa existência. Temos reações ruidosas e "soladas".

É ingênuo achar que podemos ser tão harmoniosos como uma sinfonia; que a vaidade, o egocentrismo e a raiva não fazem parte do nosso ser. Negar esse fato não é buscar equilíbrio, mas criar frustrações.

O FUTURO É ABERTO

Existe um modelo que forneça a proporção correta dos ingredientes da vida? Uma fórmula? Uma receita?

Quantas vezes tivemos notícias de fórmulas de sucesso para a felicidade? Existem tantas e tão minuciosas receitas a respeito... Será que funcionam, ou será que fazem o papel de uma grande tentação? A tentação de que o futuro estará garantido, de que os riscos estarão afastados, a tentação da certeza, da segurança.

Será que isso existe mesmo? Uma espécie de grande máquina de fazer salsichas do destino? Anoto num papel uma série de preocupações, estabeleço uma série de metas, penso positivo e, num futuro próximo, "saio" um indivíduo cheio de sucesso!

Não nego a importância de cada pessoa se organizar, ter método de trabalho, saber o que deseja, pensar de modo favorável e positivo. Mas será que a história de cada um de nós é tão simples assim? Tão mecânica? Tão unívoca? E, se é assim, por que não perguntar, tão pobre? É como se alguém vivesse apenas para se programar.

O futuro não pode me apresentar novidades pelas quais não esperava, que não estavam em minhas "metas" mas que, no entanto, poderão fazer a minha vida dar um guinada para melhor ou para pior?

Lembro-me do dia em que eu e Tânia, minha esposa, levamos os exames da Eb a nosso médico e o diagnóstico foi confirmado: tumor maligno no pulmão direito e em fase adiantada. Nosso chão sumiu naquele momento. Dali em diante as coisas mudaram muito em nossa casa e em nossas vidas. Que dirá para Eb! Sofremos muito, crescemos muito. Mas ela se foi. Foi um *tsunami* em nossas vidas.

Alguém vai estabelecer como meta perder uma pessoa que ama? Ou vai estabelecer a meta de ter um tumor maligno? De ter um filho drogado? Mas essas coisas acontecem. Alguém vai estabelecer a meta de montar um negócio sobre o qual nunca cogitou? Ou de ter um amigo que nunca imaginou ter? Ou de fazer alguma coisa totalmente diferente do que planejou, do que estudou — e fazê-la com muita satisfação? Mas essas coisas acontecem e enriquecem nossa vida.

O futuro aberto, cheio de possibilidades, não é muito mais rico que um futuro preestabelecido em metas? Essas metas são mesmo garantidas, ou não passam da eterna tentação que as pessoas têm de aprisionar o futuro?

Quantas publicações sobre horóscopo circulam em bancas e livrarias? Quantos sites se propõem a nos ajudar a prever o futuro? Quanta publicidade de videntes e afins circula na mídia? Será que não podemos fazer escolhas fundamentais que nos situem na vida sem querer tornar o futuro nosso prisioneiro?

Aprisionar o futuro não seria uma tarefa para deuses? O máximo que conseguiríamos seria nos tornar prisioneiros das próprias metas e nos empobrecer como pessoas.

NAS INCERTEZAS DO FUTURO POSSO VER O ESPÍRITO

Onze de setembro de 2001, terça-feira, 8h46 local. Um avião de passageiros da empresa American Airlines colide com uma das Torres Gêmeas de Nova York — a torre norte. Pouco depois, às 9h02, outro avião, agora da United Airlines, choca-se contra a torre sul.

A notícia se espalha imediatamente. De início, as informações são meio confusas: "Nova York está sendo bombardeada", "É o início da terceira guerra", "Vários aviões sequestrados nos Estados Unidos", "Terroristas estão agindo", "De que país eles são?". Aos poucos, as informações vão se tornando mais próximas dos acontecimentos. Outro avião, da American Airlines, às 9h37, foi atirado contra o Pentágono, e um quarto caiu às 10h06, este da United Airlines. As duas torres foram abaixo. Mais de 3 mil mortos em Nova York. Dias depois se contavam 3.234 mortos.

As pessoas custavam a acreditar. Coisa de filme, diziam. O rumo do mundo tomava outra direção a partir daquele momento. Quem foi capaz de prever tal fato? Nem mesmo os mais sofisticados sistemas de segurança da nação mais poderosa do mundo foram capazes de "enxergar" meia hora à frente.

Quem conseguiu até hoje aprisionar o futuro? Diante dessa pergunta e das respostas que a vida nos dá, muitas vezes imprevisíveis, é que podemos dizer: nosso espírito tem algo a ver com tudo isso. Afinal, estamos falando dele.

Viver a dimensão espiritual é perceber que o futuro é livre, é um horizonte de possibilidades. O mundo existe para ser descoberto, criado e construído. O indivíduo e cada um de nós também. O futuro do mundo e o nosso será o que fizermos dele e de nós. Mas o inesperado existe — às vezes para pior, às vezes para melhor.

A vida é como um leque aberto: tem várias dimensões e todas têm de ser desenvolvidas para haver equilíbrio. Porém, propaga-se que só a obsessão por algo nos leva adiante. A obsessão pode nos levar adiante, mas a um custo muito alto.

Abrir-se para a dimensão espiritual não é a única maneira de viver, mas é uma forma interessante de estar na vida, de estar atento a todas as suas possibilidades: materiais, biológicas, psicológicas, sociais. Sem fórmulas.

Uma semente em local apropriado germina, cresce e floresce. A planta "se realiza". Nós somos semelhantes: realizamo-nos à medida que as nossas dimensões desabrocham. Ao mesmo tempo, somos diferentes, podemos não "dar certo". Podemos escolher outra coisa, desabrochar de muitos modos ou não desabrochar.

Por incrível que pareça, justamente nessa diferença — poder ou não "dar certo", poder escolher o nosso modo de desabrochar — encontramos nossa dimensão espiritual. É aí que o ser humano esbarra com o mistério, com Deus.

ESCOLHEMOS NUM LUGAR E NUM MOMENTO

Escolhemos nos desenvolver num lugar e numa época, que normalmente chamamos de "espaço e tempo". Espaço/tempo é uma das primeiras referências para nos situarmos. "Nasci em tal cidade, em tal estado, em tal dia, mês e ano, naquele hospital". "Vivo em tal lugar e em tal época". A partir daí cada pessoa procura se situar e construir seu futuro. É a história de cada um.

PRESENTE/FUTURO

A história dos povos também é feita de mudanças e expectativas futuras. As sociedades expandiram fronteiras e impérios, buscaram novas situações. Se observarmos os últimos séculos e mesmo as últimas décadas perceberemos que o mundo passou por constantes mudanças políticas, sociais, científicas e tecnológicas. É como se houvesse um imperativo nos impelindo a um futuro cada vez mais completo e perfeito. É esta a leitura que fazemos da história: alterações nos fatos presentes que criam novas situações no futuro. Votamos porque desejamos melhorar o país, pesquisamos porque queremos condições de vida melhores, guerreamos porque queremos o equilíbrio entre as nações para alcançar a paz. No futuro está a maioria das justificativas das decisões que agora tomamos. Às vezes, a vontade de ter certeza do futuro é tão forte que o presente se torna fugidio.

É possível perceber uma espécie de crença de que a humanidade encontrará uma solução no futuro, talvez de paz, de prosperidade, semelhante a uma "terra prometida". Por isso, para as sociedades contemporâneas é tão importante investir em ciência e tecnologia. Seriam nossos caminhos para o futuro. O planeta parece pequeno e ameaçado; os cientistas já falam em colonização espacial.

Essa vivência do futuro não é só uma leitura da história das sociedades, inclui também as atividades em que nos envolvemos, além de nos incluir como indivíduos. Vivemos o presente em função do futuro, cercando-nos de cuidados: capacitação técnica e profissional, cursos, segurança financeira, seguros de vários tipos.

Que empresa sobreviverá tomando medidas só para solucionar o presente, sem se dimensionar para o futuro? Que indivíduo continuará com adequada atuação em seu campo profissional, preparando-se apenas para o presente?

Vamos parar um pouco e observar a presença do futuro, o que equivale a dizer "o futuro no presente". Quantas coisas você está fazendo hoje por causa de amanhã? Quantos compromissos você já tem assumidos e agendados para os quais está se preparando? Fazer um passeio com a família, ir ao médico, comparecer a uma reunião de negócios, uma viagem, uma palestra. Seu presente já está sendo modificado por todos esses fatos. Provavelmente você tem projetos de trabalho, de vida familiar e financeiros para os próximos anos. Para alcançá-los você estuda, planeja, conversa, negocia, locomove-se, fala e cala-se; você recheia seu presente. Às vezes modifica seus planos futuros. Quando isso acontece, seu presente também muda.

Você se lembra de quando deixou sua família e partiu em busca de sua vida?

Você se lembra de quantos planos, quantos propósitos, quantos sonhos: "vou comprar uma casa para meus pais", "vou pagar os estudos da minha irmã", "vou fazer mestrado fora do país".

E lá estava o futuro, presente como nunca em sua vida.

Se observarmos a mídia diária que nos envolve, veremos que a presença do futuro é constante. As mesmas notícias que nos dão conta do acontecido imediatamente projetam expectativas futuras. As notícias sobre assaltos, corrupção, desastres rodoviários e aéreos, economia, saúde, ou sobre uma guerra em curso provocam medidas a serem tomadas em relação a paz, segurança do cidadão, ética dos políticos, código de trânsito, bolsa de valores e até cuidados com a alimentação.

É como se o futuro fosse a nossa propulsão. Um motor poderoso e cósmico — situado em algum "momento e lugar" à frente — a atrair e arrastar com sua força nossa história individual e social.

Se tirarmos o futuro do nosso presente, este ficará reduzido a uma pequena parte do que é. Sem ele, não conseguiríamos nos compreender nem encontrar o sentido do nosso presente.

ONDE, O ESPAÇO

Para vermos um pouco melhor o presente, temos de considerar o espaço. Nosso espaço também deixou de ser percebido apenas como lugar geográfico: vivemos em tal país, tal cidade e tal bairro.

Talvez nem possamos chamar nosso espaço de lugar. Na verdade, nosso lugar tornou-se uma experiência contínua de interação. Vivemos a simultaneidade dos acontecimentos, o presente. Temos informações sobre o que acontece a todo momento, no mundo todo. Podemos assistir na televisão a um jogo ao vivo ou a uma guerra. A transmissão do jogo pode ser interrompida com flashes da guerra.

ESPAÇO E TEMPO, UMA COISA SÓ

Não se trata somente de ter informações sobre o que acontece. Os acontecimentos, quando noticiados simultaneamente, podem alterar, de acordo com sua natureza, a política, a economia, as finanças de onde estamos e de muitos outros lugares. Podem gerar empregos ou cortá-los, abrir empresas ou fechá-las, elevar as bolsas ou fazê-las despencar.

Temos um presente extremamente ampliado, em que espaço e tempo se misturam. A tecnologia ampliou nosso presente, ampliou nosso espaço.

E o passado, não faz mais parte do tempo? Aprendemos na escola que as ações verbais podem estar no passado, no presente e no futuro. Aprendemos que o passado é onde buscamos as lições para entender o presente e que uma experiência ruim deve ser esquecida, afinal "o passado já passou".

Tudo isso não deixa de ser verdade, mas hoje o presente é tão amplo, tão intenso, que o passado não é apenas uma fonte de entendimento do que acontece, muito menos uma experiência a ser esquecida.

Não é melhor nos arriscarmos e dizer que, como o futuro, o passado também constitui nosso presente e, por consequência, o nosso espaço, o nosso lugar? Quantas coisas vivenciamos hoje que nasceram de decisões que tomamos há algum tempo? Algumas nem imaginávamos onde desembocariam.

SER: PRESENTE, PASSADO E FUTURO

Vamos refletir um pouco, primeiro como indivíduos, depois como participantes de uma sociedade. Você pode se lembrar de vários acontecimentos passados de sua vida, não é verdade? Você se lembra da primeira bicicleta, do dia em que brigou na escola, do professor de Matemática, do dia em que saiu de casa para estudar em outra cidade, do primeiro namoro e do primeiro carro. Não se lembra? Será isso passado?

Rememorar esses e muitos outros fatos faz parte do modo como você se compreende hoje. Mais ainda, esse conjunto de fatos determina seu modo de ser hoje e, por consequência, o modo como você vê seu passado, seu presente e seu futuro. Por isso dizemos que você é presente, passado e futuro.

Algo semelhante acontece com a História. Fatos anteriores constituem o presente da nossa sociedade. Que língua falamos? Que economia temos? De que forma é feita nossa distribuição de renda? Quais os nossos sentimentos religiosos? Quais os valores que procuramos viver? De que modo nos organizamos politicamente?

Não conseguimos responder a essas perguntas profundamente sem considerar fatos anteriores. Ou seja, temos de conhecer os fatores que concorreram para a formação da nossa língua, da nossa economia, dos valores que vivemos. Por isso o próprio modo de entender tais fatos depende deles. São eles que formaram e formam nossa cultura, o modo como vemos o mundo. Na vivência que temos da nossa sociedade também não podemos separar o passado, o presente e o futuro, a não ser para estudos e análises. Na sua essência, devemos dizer que nossa sociedade é passado, é presente, é futuro. Nossa sociedade é.

O mesmo vale para cada um de nós: "apenas somos." O que você foi está em você, o que você quer ser está em você e em suas escolhas de hoje: "você é." Isso equivale a dizer que, se tirarmos do nosso presente o que chamamos de passado, deixaremos de ser o que somos. Se tirarmos o que chamamos de futuro, também.

Quando à noite olhamos para o céu e vemos milhares de estrelas, sabemos que a luz dessas estrelas se desloca em nossa direção à velocidade de 300 mil quilômetros por segundo. Algumas formaram há centenas de anos a imagem que vemos hoje, outras há milhares ou há milhões. A luz de outras tantas vai chegar até nós bem depois de elas terem "morrido" e não mais existirem. Assim, os cientistas nos dizem que estamos vendo o passado, o passado do universo. Nada impede que nesse momento sonhemos com o futuro — embora o que vemos e o que sonhamos seja de fato o presente.

Nós somos nosso espaço e nosso tempo. Somos ao mesmo tempo passado, presente e futuro. Não estamos diante de uma questão apenas filosófica, mas tecnológica. Quanto mais os recursos tecnológicos se aperfeiçoam, mais o passado e o futuro são vivenciados por nós no presente, mais nosso presente torna-se denso, mais nosso espaço se amplia e ao mesmo tempo se estreita, mais percebemos nosso espaço/tempo — que chamamos de passado, presente e futuro —, longe e perto, como uma coisa só.

Aquele senhor sentado no banco da praça de uma pequena cidade do interior fuma seu cachimbo, joga damas e fala aos amigos: "no meu tempo...". Esse mesmo senhor convive hoje com recursos tecnológicos para viver seu tempo e seu espaço de modo muito diferente. Se quiser, o mundo está logo ali, no computador, à disposição.

O ESPÍRITO EXISTE NO PRESENTE

Certamente quem nasce nesse tempo/espaço potencializado e ampliado pela tecnologia tem novas possibilidades e novos riscos. Um deles é ser extremamente competitivo, programado, informático, cuja principal preocupação é ter um futuro seguro. A mistura desses e de outros ingredientes nos insere num espaço/tempo de ansiedade e aceleração. É preciso fazer muitas coisas simultânea e rapidamente, senão ficamos para trás. Tudo é urgente. Tudo é muito importante.

Refletir, parar, gastar um pouco de tempo consigo mesmo, questionar esse ritmo acelerado, tudo isso é tido como medo de competir, fraqueza, incompetência e até covardia. Afinal, só os obcecados vencem. Nesse redemoinho quase diário haveria lugar para o espírito? Como? De que modo ele surgiria como possibilidade? De que modo se manifestaria?

Que tal umas perguntas para refletirmos um pouco?

Quem de nós nunca sentiu alguma vez a alegria de estar com a pessoa que ama? A alegria de ver um filho crescer e de descobrir nele dimensões que superam as nossas? A sensação gratificante de encontrar alguém que se interessa por nós? Ou a percepção intuitiva da harmonia que rege a natureza e nos dá a certeza de que fomos feitos para a paz? São momentos intensos em que experimentamos a gratuidade da vida. Quem nunca passou por isso?

Nessas situações, o tempo para. Vemos as pessoas, vemos a nós mesmos, vemos a vida. Uma visão especial. Não será nosso espírito querendo gritar: "ei, eu existo aqui e agora. Não se esqueça. Deixe um pouco o futuro em paz"?

São situações nas quais sentimos um pouco o presente como um dom, isto é, um presente que recebemos para viver.

E é só no presente que percebemos essas coisas, não podemos nos esquecer disso. O presente é o tempo do espírito.

É no presente que enxergamos o sorriso de uma criança, o rabo do cachorro abanando de alegria, a felicidade da jovem namorada, o sofrimento do desempregado, a aflição do nosso filho diante do início da vida profissional, a beleza da orquídea.

É no presente que podemos experimentar o espírito.

Exatamente quando entendo e sinto que minhas experiências passadas e minhas preocupações futuras estão em meu presente é que eu *sou*. É aí que percebo o espírito, que percebo a Deus. Deus não foi nem será, Deus é.

MAS... NÃO PODEMOS PERDER TEMPO!

Se estamos sempre com pressa, não temos tempo de perder tempo. Todas essas experiências do presente — sofrimento de um amigo, namoro da filha, rabo do cachorro, beleza das orquídeas — ficam pequenas, secundárias, sentimos até vergonha de falar delas. Temos sempre algo mais importante a fazer ou com que nos preocupar. Coisa realmente séria: ou do mundo empresarial, ou do universo profissional, da economia no processo de globalização, do planeta. E, se é assim, como vamos enxergar o espírito?

Muitas vezes tentamos, de modo utilitário, pisar no freio, parar. É o máximo que conseguimos: paramos para não nos estressar; tiramos férias para descansar e voltar ao trabalho; vamos à festa de aniversário da namorada do filho para lhe agradar; vamos ao casamento para... Fazemos as coisas para quê? Não sei. Para nós é importante atribuir utilidade às nossas ações. Experimentamos pouco a gratuidade dos fatos.

Não seria mais interessante fazer as coisas porque naquele momento elas acontecem e precisam ser vividas? Vividas com intensidade. Por que não com amor? Com o espírito? Completemos os fatos anteriores com essa perspectiva do espírito, da gratuidade.

Paramos porque respeitamos nosso organismo, não somos super-homens, amamos a vida, e parar é um modo de vivê-la melhor, de senti-la.

Vamos à festa de aniversário porque adoramos nosso filho. Saio para jantar com minha mulher porque a amo, e isso nos faz sentir até o calor da vela que enfeita a mesa.

Vou ao casamento porque o noivo é filho de um amigo que vai se sentir feliz com minha presença. E eu também ficarei feliz.

Esse é o tempo da esperança. É o tempo de quem acredita nas pessoas com quem encontra e nos momentos vividos com elas. Esse é o tempo que nos permite fazer as mesmas coisas de sempre, mas de modo diferente, com significado novo, acreditando que cada momento é uma possibilidade e uma surpresa. É como se descobríssemos outra dimensão. Isso é viver o espiritual. É deixar o espírito aflorar. É poder encontrar Deus.

QUAL É O TEMPO VERDADEIRO?

Percebemos como o futuro e o passado estão contidos no nosso presente. Na vivência desse tempo em que se fundem passado, presente e futuro, inseridos em nosso espaço, é que experimentamos a gratuidade e a dimensão espiritual, por meio de algumas atitudes que se resumem principalmente a viver nosso relacionamento com os outros, com a natureza e com seus mistérios. Às vezes não conseguimos continuar vivendo nessa dimensão. Por quê? Vivemos num lugar onde os acontecimentos se sucedem: alguns já passaram e outros, que ainda desconhecemos,, estão por vir. Cumprimos uma existência definida numa espécie de linha do tempo, que tem um começo — passado — e terá um fim — futuro —, como tudo na vida. O presente é o exíguo tempo que o relógio aponta neste momento, espremido entre o que foi e o que virá. Ao retornarmos a essa dimensão, outra vez nos sentimos impelidos a acelerar o que fazemos, a nos sufocar em múltiplas atividades e lhes conferir sentido apenas por sua utilidade.

Várias atitudes em especial nos devolvem a essa dimensão que costumamos chamar de "realidade", ao espaço/tempo cronológico e geográfico. Não é difícil identificar algumas delas.

ARROGÂNCIA — ESPAÇO E TEMPO DOS SABIDOS

Todos nós já convivemos com pessoas que entendem de tudo. Pessoas que, num diálogo ou numa reunião, querem que seus juízos e opiniões sejam acatados por todos a qualquer custo. Por trás dessa "sabedoria", invariavelmente encontramos escondida a arrogância. Por ela nos julgamos mais sábios, mais poderosos, melhores que os outros. Sentimo-nos o centro dos acontecimentos, o "umbigo do mundo". Não temos nada a aprender, nada a esperar. Os fatos não manifestam novidades, têm somente o significado que lhes emprestamos. Estão sob nosso controle.

Se nossa postura é essa, o que acontecerá conosco quando surgir algo novo sobre o qual não temos controle? Nossas reações são interessantes. Variam da insegurança à agressividade, passando pela rejeição ao novo.

Um fato novo: meu filho está usando drogas. Não sei como lidar com ele. O que fazer? Conversar? Pedir ajuda de profissionais? Trocar ideias com amigos? Procurar a escola? Sinto-me inseguro. E agora?

Rejeito o fato com um argumento: devo estar enganado. Eduquei-o da melhor forma possível. Sempre procurei ser seu amigo. Finalmente, passo a ser agressivo: isso está errado. Ele vai ter de me obedecer. Vou controlá-lo.

Algo semelhante pode acontecer na vida profissional. Se somos arrogantes, reagimos da mesma maneira ao novo — que muitas vezes nos desagrada.

Se sou subordinado e não sei lidar com algo novo que a diretoria me propõe, logo imagino: "A diretoria me propõe uma solução diferente daquela que eu estava planejando." Posso dissimular: "Ela me parece muito interessante." E ruminar: "O que essa diretoria pretende com isso? Insinuar que não sou capaz? Que não sei como fazer? Será que querem me 'fritar'?" Se sou chefe, faço de minhas ideias meus próprios argumentos.

É como se recorrêssemos a um pseudopoder que compensasse nossa insegurança e nos devolvesse as rédeas dos acontecimentos. Mas não devolve. Com esse tipo de reação tentamos colocar rédeas nas pessoas com as quais nos relacionamos, seja no trabalho, seja na família. E o que é pior: com isso fazemos muitas pessoas sofrer.

Que prazer terá alguém de se encaminhar pela manhã ao trabalho com um chefe assim? Talvez faça esse sacrifício por falta de opção.

Este é o tempo cronológico. Espaço/tempo da arrogância, em que nada se cria, nada se espera. É o "antiespírito". Nele é impossível alguém desabrochar. É impossível experimentar o espírito.

COMPETIÇÃO — ESPAÇO E TEMPO DOS VENCEDORES

Temos de vencer. Sentimos e percebemos este espaço/tempo como o da aceleração, da competição e da ansiedade. Tenho de "ganhar tempo", "ganhar do concorrente", "chegar antes", "ter as primeiras e melhores informações". Esse, dizem, é o caminho da vitória. Quem consegue mais "pontos" é o vencedor. A questão passa a ser vencer ou vencer. Não há espaço para perdedores. Perder é vergonhoso. E, para não ser um perdedor, vale tudo, ou quase tudo.

Quem de nós nunca ouviu a frase "para vencer vale tudo"? Se repararmos, veremos que ela se esconde em muitas frases ditas nas mais variadas situações que vivemos:

No futebol: "O pênalti não existiu, mas o que interessa é que vencemos."

Na Fórmula 1: "Deu uma fechada no outro carro, mas chegou em primeiro lugar."

No boxe: "Acertou abaixo da linha da cintura. Perdeu ponto, mas minou o adversário e ganhou a luta."

Na política: "Rouba, mas faz."

Na educação: "Colou, mas não ficou reprovado."

Nos negócios: "Um bom negócio é o que dá lucro. Mesmo que..."

Certamente já ouvimos muitas outras frases desse tipo. Na essência, são todas muito semelhantes e nascem da principal: "Para vencer vale tudo", uma espécie de frase — mãe.

Ao analisarmos tais afirmações, pensamos em pessoas capazes de passar por cima de outras, de usá-las e descartá-las. Em geral, achamos isso abominável e de modo algum nos incluímos nesse grupo. Mas, na verdade, esse "vale tudo" está muito mais próximo de nós do que suspeitamos, inerente a cada indivíduo e a nós mesmos. Está introjetado em cada indivíduo, em cada um de nós.

Ainda em nossa infância, a vontade de vencer fazia parte das brincadeiras e dos jogos. Fazia parte também de nosso futuro, quando nossos pais diziam: "Estude, meu filho, para vencer na vida", o que era sinônimo de conquistar uma vida digna, com esforço e dedicação. Esse "vencer", à medida que ingressamos no mundo adulto, vai tomando outras feições, ocupando todos os espaços, tornando-se a finalidade de tudo: estudo para vencer a competição, faço novos cursos para vencer, descanso para vencer.

Com ajuda da sociedade, transformamos o "vencer" numa necessidade, num absoluto, quase num deus. Ao chegar a esse estágio, cultuamos esse deus em todas as nossas relações.

No relacionamento com colegas de trabalho, amigos, filhos, esposa, prestamos culto a esse deus: nossas opiniões são as mais importantes, nossas ideias são as melhores, queremos convencer, impor nossa vontade, sobressair, queremos os melhores elogios, afinal, "sem mim nada aconteceria de interessante". Colocamo-nos a serviço desse absoluto: vencer, ser o primeiro: "Eu sou o que sou."

Estamos interagindo com um deus minucioso que não só nos diz o que fazer, mas nos determina a diferença entre o bem e o mal, dita a ética da nossa vida. É como se ele conhecesse o que é melhor para nós, seus seguidores, em todas as situações. Indica-nos como nos comportar numa negociação, estabelece nossa postura política e nos aponta os prazeres da vida. E não para por aí. Desce a detalhes, desde os comentários que devemos fazer sobre um programa de televisão visto em família até o que dizer ao filho que recebeu um troco a mais na lanchonete.

Aos poucos transformamos nossa vida num altar ao deus "vencer". Nele são imolados amigos, vizinhos, concorrentes, filhos, esposa, marido... a própria vida. Só que a vida passa — e mais depressa do que pensamos. Afinal, o que é a vitória?

SEJA O PRIMEIRO DE MODO DIFERENTE

"O marimbondo caçador persegue incansável, entre a grama e a terra, o rastro da aranha. Com o zigue-zague de suas pequenas corridas no chão e com os voos curtos e entrecortados, segue a pista até encontrar a possível presa. Ali vai se travar uma luta de vida ou morte. O marimbondo depende daquela presa para a continuidade de sua espécie. A aranha, por sua vez, fará de tudo para vencer e continuar vivendo."

"Soa o sinal de largada. Quase 5 mil pessoas começam a correr. Maiores de 65 anos, pessoas de meia-idade, jovens na casa dos vinte, homens, mulheres. Alguns se vestem de forma espalhafatosa, outros, com roupas de atleta. É a corrida de São Silvestre, realizada todo dia 31 de dezembro, em São Paulo, por um percurso de 15 quilômetros.
Das 5 mil pessoas, uma parte completará o percurso, e um grupo mínimo, não mais de dez, disputará metro a metro o primeiro lugar.
Todos sonharam participar. No íntimo, cada um gostaria de ser o vencedor. Para alguns a vitória é completar o percurso, não importa o tempo decorrido. Para outros, é estar entre os cem primeiros colocados. Alguns querem ser o primeiro de sua categoria: feminina, masculina, acima de 65 anos. Mas haverá sobre todos um único vencedor, que será visto pelos outros como o ídolo da corrida."

"Seu médico o aconselhou a caminhar diariamente. Em seguida, a praticar corridas leves. Recomendou que usasse tênis confortáveis, adequados a esse tipo de exercício. Com essas referências, você visitou várias lojas de artigos esportivos à procura do par de tênis ideal, com as características recomendadas por seu médico e com preço razoável.

Os vendedores lhe apresentaram várias marcas concorrentes entre si e enumeraram as qualidades de cada uma. Na prática, você conclui que as qualidades são muito semelhantes, embora ditas de forma e com ênfase diferentes. Em sua cabeça, essas marcas desfilam como em "flashes" oriundos das constantes propagandas na mídia. Uma se identifica com status, outra, com praticidade, e uma terceira, com a preferida dos campeões. Elas concorrem tenazmente, influindo na sua decisão. Entre elas, você escolhe a que naquela semana estava em promoção."

Negar a competição é negar uma das características do ser vivo. Não temos como propor ao indivíduo viver em sociedade sem competir. Desde pegar lugar no ônibus até prestar um concurso, a competição está em nossa vida. E cada indivíduo se esforça para vencer.

Entretanto, temos de acreditar que nossa luta pela vida é um pouco diferente da luta travada pelos animais, que é praticamente guiada por forças instintivas. Uma onça, por exemplo, além de marcar seu território, precisa ser ágil o suficiente para vencer a caça e suplantar outros predadores que competem na mesma região. Sua vida e a de seus filhotes dependem dessa habilidade.

Agimos por inteligência e vontade, não somente por instintos básicos, como os animais. Podemos escolher nossa ação e reação. Por isso, podemos escolher ser os primeiros também em outras coisas. É possível reinventar a competição.

Você pode ser o primeiro a ouvir as opiniões dos outros, tentar entendê-las. Podemos convocar uma reunião com nossa equipe de trabalho e vencer a competição de "saber ouvir". Será que já pensamos nisso? Que tal disputar essa medalha de ouro? Não é fácil.

Saber ouvir não é só escutar o som das palavras de alguém numa reunião sem interromper. É admitir que podemos achar uma ideia melhor que a nossa, ou uma queixa que procede.

Podemos também ganhar a competição de "saber achar" em nossa família: dar a máxima atenção ao que nossos filhos falam, ao que a esposa ou o marido tem a dizer. E se formos muito bons nisso, saberemos "ouvir" os sinais, os gestos, os olhares daqueles que conosco convivem.

Podemos ser os primeiros a ceder a vez no trânsito. Podemos ser os primeiros a dar bom-dia. Os primeiros a oferecer um serviço. Os primeiros a não continuar uma discussão inútil. Não precisamos ser os primeiros em tudo. Há coisas em que é melhor ser um dos últimos. Podemos ser os últimos a julgar negativamente uma pessoa. Ser os primeiros a julgá-la desse modo é um péssimo negócio. Nessa competição o melhor mesmo é ser desclassificado por w.o. — desistência.

Numa reunião, podemos ser os últimos a tirar conclusões. Para que ter pressa em firmar as opiniões que achamos as melhores? Vamos esperar um pouco. Chegar na frente aí nem sempre é o melhor.

Podemos nos destacar em dar atenção às pessoas. É comum nos pegarmos falando com alguém e pensando em outro assunto. Esta é uma competição que vale a pena disputar e vencer sempre: dar toda a atenção a cada pessoa com quem nos relacionamos em cada momento.

PODEMOS SER OS PRIMEIROS A DIVIDIR

Certa vez um amigo me falou: — Roupas que eu passei um ano sem usar dou para quem precisa.
 — Mesmo que estejam novas? — perguntei.
 — Mesmo que sejam novinhas. O que você não usa em um ano é porque não precisa. Sinto-me mais leve cada vez que faço isso.
 Analisei o meu caso e vi que ele tinha razão. Quanta coisa a gente guarda porque "pode precisar um dia" e nunca usa. Fiz o mesmo uma vez e agora repito algumas vezes. É ótimo.
 Experimente. Abra seus armários e gavetas e verifique tudo que você nunca, ou raramente, usou. Provavelmente não vai mais usar. Junte tudo. Divida. Destaque-se nisso. Há muita gente que precisa, a começar por você. Parece pouco. Talvez seja, mas você vai se sentir mais leve, mais livre. Vai experimentar o espírito.

PODEMOS SER OS PRIMEIROS A DIVIDIR O QUE NÃO NOS SOBRA

Uma vez vi um filme em que dois mergulhadores exploravam um navio naufragado. Um deles, por acidente, perdeu seu cilindro de oxigênio. O outro, de imediato, vencendo as dificuldades das manobras, começou a dividir seu oxigênio com o colega acidentado. Revezando a boqueira, os dois conseguiram alcançar a superfície, retomando a respiração normal.

Aquele mergulhador dividiu o que lhe era necessário. Poderia comprometer a própria vida. Arriscou-se. Quando partilhamos o que não nos sobra, partilhamos a vida. Partilhamos o espírito. E não nos vai faltar. Podemos dividir nossa alegria. Curiosamente, quanto mais o fizermos, mais ela vai se multiplicar. Sejamos os primeiros nisso.

Que tal dividir nossas preocupações?

E no nosso trabalho, quantas vezes nos damos conta das oportunidades que temos para dividir? Dividir nossas ideias, nossas opiniões, nossos esforços, nossa colaboração etc.

Não se fala tanto em trabalho de equipe? Sejamos os primeiros nisso.

É curioso, mas são muitas as situações em que, se nos esforçarmos para ser os primeiros, estaremos nos espiritualizando, isso mesmo, experimentando o nosso espírito. Estaremos respeitando as pessoas, em vez de tentar tirá-las do nosso caminho. Estaremos competindo e vencendo, mas de outro modo.

COMPETIR OU GUERREAR?

Vamos perceber, a partir dessas experiências, que poderemos ser competidores aguerridos no mercado, na sociedade, entre os concorrentes. Talvez com algumas diferenças. Um vendedor, por exemplo, vai querer vender muito mais que seu concorrente, mas vai respeitá-lo como pessoa. Difícil? Impossível?

Há alguns anos, nosso filho mais velho se matriculou numa academia de Tae Kwon Do. Eu o levava de carro, pois nessa época ele ainda não dirigia. As aulas eram à noite, e quando eu podia ficava assistindo. Hoje ele se destaca nessa arte/luta.

O professor me convidou para praticar Tae Kwon Do também. Com cinquenta anos, não tinha mais tempo de perder oportunidades. Aceitei. Aprendi muito, em todos os sentidos. Naturalmente, não podia dar saltos e chutes espetaculares, mas podia obter vitórias pessoais todos os dias, em todos os treinos, em todas as lutas. A filosofia dessa arte inclui a vitória pessoal entre seus principais elementos. O mais importante é você fazer o melhor que puder.

Certa vez estava treinando abertura de pernas. Já havia chegado ao meu limite. O mestre aproximou-se e ordenou que esticasse mais os calcanhares. As virilhas já me doíam o suficiente. Num último esforço, sob a insistência do mestre, movimentei os calcanhares de modo quase imperceptível. O mestre não se deu por satisfeito.

— Senhor, minha vitória é de milímetros — respondi.

Ele me fitou, balançou a cabeça concordando e afastou-se. Aproveitei, diminuí a pressão nos calcanhares e senti alívio nas virilhas.

Há também outros pontos interessantes nessa arte: respeitar os mais e os menos graduados, aprender com o erro, agradecer um oponente quando ele ultrapassa nossa guarda com um golpe, tratar com respeito e cortesia o adversário.

No início de uma luta, os atletas devem estender a mão um ao outro, cumprimentar-se sorrindo e expressar em voz alta o desejo de "boa sorte, senhor". No fim, cumprimentam--se novamente com o aperto de mão acompanhado da expressão "obrigado, senhor". Onde fica a competição? A resposta é simples: no tatame.

Ali se trava a luta com toda a energia que você consegue reunir, com toda a concentração que você já mentalizou. Ali não há saída, é ganhar ou perder. E tudo o que você mais deseja é vencer seu oponente. É a essência da competição. Lembre-se de que, nesse caso, ninguém ganhará dinheiro pela vitória. Naquele momento você escuta as vozes da torcida, mas não distingue uma palavra sequer. Na sua frente só existem o adversário e o desejo de vencer.

A luta termina. Acontecem os agradecimentos e os cumprimentos entre os que lutaram. Quem venceu comemora sem humilhar, quem perdeu procura aprender com seus erros. Aliás, esse é, a meu ver, o sentido da expressão "saber perder", isto é, só quem admite que perdeu é capaz de enxergar seus erros e preparar-se para a vitória. O respeito e o coleguismo continuam.

Aprendi muito com isso. É possível competir, com todos os nossos recursos, sem odiar, sem ter raiva, sem ferir a ética da convivência. Assim também é no mercado e na vida.

Alguns anos depois tive a alegria e o orgulho de, em uma cerimônia, entregar a faixa preta também para a nossa filha.

Nossa inserção na sociedade traz, em sua essência, a competição. Para nos formar e conquistar um lugar no mercado de trabalho temos de competir. É inevitável. Disputamos uma vaga na universidade, no estágio e na empresa. Funcionários ou donos, temos todos de disputar o mercado. A cada instante, a vida, as circunstâncias, os fatos e a sociedade nos pedem que vençamos. Mas acredito que essa disputa pode ser como no tatame do Tae Kwon Do, e não como na guerra.

É possível ter ética na concorrência mesmo quando a encaramos como uma guerra? Na guerra não vale tudo? Pela Convenção de Genebra, não. Na prática, sim. E a guerra é solução para alguma coisa? É um caminho inevitável a seguir? A que serviram todas as guerras que a humanidade viveu?

Vamos lembrar alguns números das guerras. Eles nos fazem pensar. Afinal, a guerra é a competição levada ao extremo e elevada ao absurdo.

Estima-se que na Primeira Guerra Mundial — 1914 a 1918 — tenham morrido 8 milhões de pessoas — 5 milhões de militares e 3 milhões de civis —, sem contar o genocídio de mais de 1 milhão de armênios em campos de concentração criados pelos turcos. Pela primeira vez armas químicas foram utilizadas em massa.

Já na Segunda Guerra Mundial, 21 anos depois — 1939 a 1945 —, o número de mortos é estimado em 50 milhões de pessoas — 17 milhões de militares e 33 milhões de civis. Aproximadamente 28 milhões de pessoas sobreviveram ao conflito na condição de "mutilados de guerra". Mutilados fisicamente, pois quase todos os sobreviventes das nações envolvidas no conflito tornaram-se mutilados psicológicos e sociais. Ficaram órfãos, viúvos, sem filhos, solitários e sem teto.

Outros fatos ilustram a insanidade dessa guerra: o *genocídio* conduzido pelos nazistas exterminou 6 milhões de judeus somente nos principais campos de concentração — Auschwitz, Birkenau e Monowitz.

Além dos judeus, os nazistas não pouparam ciganos, eslavos, homossexuais e dissidentes políticos.

Mais...

Seis de agosto de 1945, 8h25 local. Enquanto pais levam filhos às escolas, crianças brincam nas ruas, trabalhadores dirigem-se às empresas e hospitais atendem pacientes, um objeto estranho corta o céu de Hiroshima. É a primeira bomba atômica lançada sobre a humanidade, orgulhoso fruto da tecnologia sofisticada, ironicamente apelidada pelos americanos de "Little Boy". Noventa mil mortos só no impacto. Mais 145 mil até o fim daquele ano.

Três dias depois, às 11h01 local, foi a vez de Nagasaki viver a tragédia. A segunda bomba atômica é lançada pelos americanos, dessa vez apelidada de "Fat Man". Setenta e cinco mil mortos nos minutos que se seguiram à explosão e outros 75 mil nos meses subsequentes.

As duas cidades japonesas foram praticamente aniquiladas. Noventa por cento dos mortos eram civis. A humanidade experimentava pela primeira vez o poder destrutivo da radiação atômica, com consequências até os dias de hoje.

Calcula-se que na segunda guerra tenham sido gastos 1,5 trilhão de dólares, contra 208 bilhões na primeira. Dinheiro suficiente para acabar de vez com a fome no mundo.

Nem tudo vira lição. Outros conflitos marcaram a história das sociedades: Revolução Russa, em 1917, Revolução Cubana, em 1959, Guerra do Vietnã, de 1964 a 1975, Guerra dos Seis Dias, em 1967, invasão ao Afeganistão, em 2001, e invasão ao Iraque, em 2003.

Essa História nos provoca no mínimo algumas perguntas: a humanidade tornou-se melhor devido a todas essas mortes? Valeu a pena pagar esse preço? A miséria foi extirpada? Todas as pessoas passaram a ter um nível mínimo de vida necessário à dignidade de seres humanos? O espírito humano se desenvolveu e se manifestou de modo mais pleno? Seria impossível, da mesma forma que é impossível alcançar o bem-estar das pessoas e das sociedades pelo caminho da guerra. Difícil aprender.

A impressão que temos é que em muitos momentos da História o ser humano — as sociedades — renuncia a seu espírito. É como se dentro dele despertasse um dragão adormecido, cuja única vontade é devorar, destruir, bafejar fogo por toda parte. Só assim ele alimenta seu ego e é capaz de se sentir, se perceber.

A GUERRA NASCE NOS CORAÇÕES

Ao considerar a guerra em suas várias formas e expressões, que envolvem as sociedades e as pessoas, cabe-nos talvez perguntar: De onde ela vem? Como nasce? Por quê, já que é tão absurda?

Basta-nos lembrar a afirmação de George W. Bush, após o atentado ao World Trade Center: "Será uma guerra suja!". O mundo inteiro ouviu a sentença. Meses depois o Afeganistão seria invadido. O século XXI começava com uma guerra. Uma nova guerra ou a mesma? Alguma vez o dragão dormiu?

Por acaso as guerras nasceram longe dos corações? Longe da vontade do poder? Longe da decisão de líderes e governantes? Longe das escolhas feitas por indivíduos?

A guerra é anterior. Antes de serem disparados os primeiros tiros de fuzis e metralhadoras, antes de os primeiros mísseis cruzarem os céus, a guerra já estava instalada nos corações e nas escolhas. O dragão existe em cada um de nós.

O que acontece se no nosso dia a dia, nos nossos relacionamentos, colocamos o "vale tudo" como base da nossa ação? Certamente conseguiremos muitas coisas, mas valerá a pena?

Essas conquistas conseguidas na base do "vale tudo" nos farão melhores, mais integrados, mais realizados, mais felizes? Será que por meio delas alguém conseguirá ser um pai melhor, uma mãe melhor, um amigo melhor? Conseguirá sentir-se melhor? Sinceramente, não creio. O "vale tudo" é voraz, insaciável. Ele gruda no nosso ser, na nossa personalidade. Faz-nos viver em constante atitude de competição, de disputa e de guerra com as outras pessoas.

E não basta vencer, é preciso subjugar e, se possível, destruir o "inimigo". Seja na direção do carro, seja com os colegas da empresa, seja com familiares. Quem vale sou eu, minhas opiniões, meu modo de ver os fatos — todo o resto é relativo. Passo a me compreender, a entender minha existência a partir da óptica de vencer e convencer a qualquer preço. E esse dragão cresce, aumenta seu apetite. A guerra está instalada.

SOMOS INTELIGENTES, JUSTIFICAMOS

Passamos a usar nossa inteligência para explicar nossa "nova ética".

Se as guerras, com seus números absurdos, são justificadas, o que dizer de nossas ações diárias para destruir os concorrentes? Não podemos esquecer que inconscientemente tratamos boa parte das pessoas como concorrentes. Em maior ou menor grau, mas concorrentes. Corremos o risco de aos poucos desaprender a nos relacionar e saber apenas concorrer.

Tudo é cuidadosamente justificado na mais pura lógica: "não posso deixar minha filha seguir qualquer carreira. Tenho obrigação de lhe mostrar as melhores, as que oferecem mais oportunidades"; "meu filho está em dúvida sobre o que estudar. A vida é dele, não tenho o direito de me intrometer. Já passei por isso"; "tento ficar quieto nas reuniões, mas se não dou ideias ninguém fala nada"; "minha mulher não dá palpites nos meus negócios. Ela não entende dessas coisas"; "nesse departamento, se eu não assumo as coisas, nada acontece"; "se você quer uma coisa bem-feita, faça você mesmo"; "quer o melhor lugar? Chegue primeiro"; "ceder a vez? Isso é coisa de quem tem medo de disputar"; "para fechar um bom negócio, todos os expedientes são válidos"; "afinal, algumas coisas todo mundo faz"; "o mundo dos negócios é dos espertos. Se você não aceita uma proposta duvidosa, outro a aceita no seu lugar";"não sou responsável pelo comportamento da sociedade."

Podemos continuar numa espiral crescente que justifique nosso "vale tudo", nossa "ética", nossas vitórias, frutos de nossa capacidade de concorrer. Nossa guerra: "derrubamos as torres do World Trade Center porque era a única forma de mostrar ao mundo os nossos problemas"; "temos de bombardear o Afeganistão e quem mais se opuser, pois é o bem do 'mundo livre' que está em jogo"; "mantenho-me no poder nessa ilha porque só assim nosso povo terá um nível de vida melhor e será livre."

ONDE FICA O ESPÍRITO?

Se compararmos todas essas atitudes, veremos que elas têm proporção diferente, mas, na essência, a seiva que alimenta todas é a mesma. Poderíamos resumi-la deste modo: "todos são meus concorrentes e tenho de vencê-los." Para tanto, podemos usar qualquer recurso, desde que bem-justificado. O que importa é a afirmação de nós mesmos — do meu eu. Será que nesse momento não nos cabe perguntar onde fica o espírito? Parece uma pergunta particular, muito pessoal, pequena até. Mas tem resposta. Ele não fica! Bate asas e leva nesse voo uma porção de coisas. Leva nossa tolerância, nossa compreensão, a compaixão, nossa capacidade de viver com solidariedade, de viver na riqueza das diferenças. Leva nossa capacidade de amar.

Haveria uma forma de o espírito ficar? De não voar para longe? Acreditamos que sim, que ele pode nos apontar outros caminhos, novas escolhas às vezes mais difíceis, às vezes nem tanto, mas certamente mais ricas. Escolhas de vida um pouco diferentes, que fazem o espírito se manifestar. Podemos escolher competir sem destruir o competidor.

No nosso dia a dia, encontramos opiniões diferentes e sabemos que a nossa não é a única e muitas vezes nem a melhor. Se for, não há necessidade de ser imposta ao preço da aniquilação das outras pessoas. Ao contrário, temos de respeitar e até estimular a iniciativa daqueles com quem convivemos. Esse é o desafio no nosso relacionamento. Se abstrairmos um pouco de nós mesmos, do nosso eu, e nos tornarmos sensíveis às pessoas com as quais nos relacionamos, seremos capazes de ver muitas coisas.

Vamos descobrir que as pessoas têm objetivos, aspirações, desejos, sonhos. Que querem ser felizes. Vamos perceber que não podem ser simplesmente objetos da nossa concorrência e que há uma riqueza interior que se manifesta quando respeitada por nós. A sensibilidade e o respeito permitem a manifestação do nosso ser. É preciso dar e respeitar o espaço das pessoas. Sensibilidade e respeito são manifestações do espírito. Com escolhas desse tipo poderemos ver o espírito. Só o espírito enxerga o espírito.

Ao aceitarmos a riqueza do espírito de cada um, escolhemos viver outra dimensão do comportamento, da ética — não apenas o certo e o errado, o que pode e o que não pode, mas a vivência de um relacionamento em expansão, no qual o outro é entendido como uma pessoa de múltiplas possibilidades.

A DIMENSÃO DO ESPÍRITO
— ESPAÇO E TEMPO VERDADEIROS

Quando escolhemos essa dimensão, muitas coisas podem acontecer.

Na família...

Nossos familiares — filhos, marido, mulher, irmão, irmã — têm sonhos, aspirações e desejos. Alguns muito diferentes e melhores que os nossos.

Os filhos não são apenas crianças. A mulher e o marido não são somente companheira ou companheiro. Suas opiniões, suas considerações, trazem novidade para a nossa vida e para a deles. O espírito que há em cada um quer desabrochar e se comunicar. É como se fosse uma lei do próprio ser humano, do espírito, que faz coisas incríveis acontecerem quando é respeitada.

Você já se viu numa situação em que, na hora que ia se deitar, seu filho o chama para ouvir a música que acabou de tirar na gaita de boca? O sono é grande. Você tem duas opções: ou escuta a música dando a entender que está com pressa e faz comentários previsíveis, ou participa desse momento com interesse e deixa o espírito do seu filho se manifestar. Talvez até se sente no chão e aprecie várias músicas tocadas por ele.

Você poderá até perceber outras coisas, os dons do seu filho, seus desejos, seus sonhos. Quem sabe poderá sentir que a música não era o mais importante para ele, como parecia. O que ele queria era comunicar-se com você, sentir seu reconhecimento, sentir-se seu filho.

No trabalho...

Encontramos em nosso trabalho uma situação privilegiada para a competição se manifestar. Algumas vezes de modo velado, outras, declarado. A competição tende a permear as relações de trabalho. Um quer fazer melhor que os colegas, outro quer ser mais que o chefe, outro vê ameaça em tudo e contra-ataca... Há ainda o que sabe tudo, há o profeta do "vai dar errado", há o "Arquimedes", que descobre uma grande ideia em cada esquina, ou em cada banho.

Vejo em quem trabalha comigo alguém que carrega desejos, aspirações e sonhos? E que esses elementos são parte importante de seu ser? Ou não tenho essa percepção? No meu relacionamento, deixo espaço para esses aspectos aparecerem?

Quando, por exemplo, um colega, um funcionário me mostra o retrato de um filho, o que está me mostrando? Uma criança bonita, um jovem simpático, uma situação? Não estaria me mostrando um pedaço de seus sonhos? Não é seu espírito falando comigo, querendo se manifestar? Quando outro me conta um bom resultado que obteve, o que na verdade ele deseja mostrar com isso?

Costumo admitir que as pessoas com quem trabalho têm boas ideias, até melhores que as minhas? Essas pessoas, ao se relacionarem comigo, sentem-se à vontade e expõem suas ideias?

Aceito que em geral existam pelo menos cinco ou mais soluções para um mesmo problema de trabalho? Desse modo, admito que minha maneira de resolver não é tão original e única assim?

Nem sempre é fácil respeitar o espírito no ambiente de trabalho. Alguns lembretes, por serem simples demais, não são valorizados, mas têm grande eficácia quando praticados:

• Lembre que cada pessoa tem desejos, aspirações e sonhos.
• Admita que as pessoas têm boas ideias, muitas vezes melhores que as suas.
• Esteja atento, porque para cada problema de trabalho existem pelo menos cinco soluções inteligentes.

- Em relação aos colegas, ouça. Em relação aos concorrentes, seja rápido.

O espírito não precisa de grandes ações para se manifestar. No dia a dia...
A vida não acontece para nós de modo ordenado. Os fatos não vêm arrumados por importância ou por outro tipo qualquer de prioridade. Eles se misturam.

Algumas vezes estamos diante de uma decisão profissional, outras, diante de situações pessoais ou familiares. Há momentos em que, enquanto analisamos um problema no trabalho, alguém da família, por telefone, nos traz uma questão para ser resolvida. Ao mesmo tempo, um amigo pode procurá-lo.

Não é raro, em nosso dia a dia, viver três ou quatro fatos ao mesmo tempo. Note que podemos classificar os acontecimentos em ordem de importância, mas cada pessoa que está do "outro lado" sente a sua expectativa como a mais importante.

O ideal seria mantermos uma atitude única e centrada frente a essa diversidade, que afinal é a nossa rotina diária. Mas existe essa atitude? Qual seria?

CONVERGÊNCIA OU CONCORRÊNCIA?

Caracterizando os extremos a fim de provocar nossa reflexão, poderíamos ter atitude de concorrência ou de convergência. Para enxergarmos melhor, podemos considerar três breves experiências, fáceis de praticar. São situações simples que normalmente vivemos no cotidiano. Podemos experimentá-las com a atitude de convergência, em vez de concorrência.

A primeira delas: se você dirige, geralmente vai e volta para o trabalho de carro. Não é preciso repetir aqui tudo o que ouvimos, vimos e vivemos a respeito do trânsito.

A experiência é simples. Você vai escolher fazer esse trajeto sem tratar os outros carros e motoristas como concorrentes. Vai acreditar que eles não querem tomar seu lugar, não querem chegar primeiro que você.

Esses motoristas são apenas pessoas que, como você, estão se dirigindo ao trabalho. São pessoas que, como você, têm aspirações. Muitas vezes têm problemas e preocupações. Querem ser felizes como você, nada mais. Você não precisa apostar corrida com eles. Faz sentido sair acelerando, disputando não sei o quê com alguém que você nem conhece?

Experimente o contrário, ser convergente. Não dispute nada com ninguém e, se possível, colabore. Ceda a vez, reduza a velocidade quando outro carro pedir passagem, facilite as manobras dos outros. Seu espírito quer se manifestar. Atenção: não estou propondo que você seja um "roda presa" que atrapalha quem tem um pouco mais de pressa. Faça a experiência, vale a pena.

A segunda: no seu trabalho, por apenas um dia, toda vez que uma pessoa entrar em contato com você, tente manter o seguinte pensamento: "essa pessoa não é minha concorrente; o que posso fazer para convergir com ela?".

Aproveite todos os contatos ao vivo, por telefone, com chefes, subordinados, iguais, com pessoas de outros departamentos, com as que executam a limpeza, em reuniões e nos corredores.

Se porventura você se esquecer de trazer à mente esse pensamento no início do contato, retome-o durante a conversa, não importa, mas não perca o momento. Analise e pense a respeito.

A terceira: não sei quanto tempo, exceto as férias, você passa com sua família. Mas provavelmente o início da manhã, o final da tarde, parte da noite e fins de semana. Além disso, deve ter também, durante o trabalho, telefonemas do marido, da mulher, às vezes do filho, da filha.

Separe alguns dias — por exemplo, uma semana — e tente fazer como nas experiências anteriores. Olhe seu marido, sua mulher, seus filhos e demais familiares como pessoas não concorrentes, isto é, que não estão disputando nada com você. Não querem tomar nada de você, muito menos seu tempo. Procure relacionar-se com eles de modo convergente, mantendo a consciência disso.

Muitas vezes um filho, ao divergir do pai ou da mãe, tem outro objetivo, além do que está sendo discutido. Está, quem sabe, querendo dizer "estou crescendo", "sou gente", "quero ser ouvido". Não está querendo defender sua opinião a qualquer custo.

Quando sua filha conta a discussão que teve com a mãe em tom de queixa, está dizendo que não gosta dela? Quando sua esposa reclama dos filhos, está dizendo que não gosta deles? Quando você reclama por ter de mudar os planos do fim de semana por causa dos filhos e da esposa, está querendo dizer que não gosta da família?

Acho que não. Acho que todos nessa família estão dizendo uma coisa só: "gosto muito de vocês, quero me sentir reconhecido por vocês."

É claro que nem pai, nem mãe, nem filhos estão conscientemente querendo concorrer. Querem, ao contrário, convergir. É nesse momento que você pode ser o primeiro colocado — lembra-se? —, pois nessa disputa "ganha" quem percebe isso antes. Aceite convergir e você verá o espírito de seus entes mais queridos. E o seu também.

Com atenção em experiências semelhantes, podemos perceber que o espírito — meu, seu, das pessoas — se manifesta desde que cada um permita e escolha essa manifestação. A convergência é um caminho para provocá-la. A competição cega, o "vale tudo" desenfreado, essa doença, é um jeito eficiente de inibi-la. Talvez seja por isso que muitos de nós não cremos no espírito, ou temos dele um conceito etéreo e distante.

Se nós não experimentamos o espírito, aos poucos nos voltamos só para o que vemos: a competição, a vitória que ela traz, o sucesso e o dinheiro.

Se experimentamos o espírito, percebemos que há outra dimensão. Percebemos que competir não é aniquilar. Podemos, no mínimo, encontrar verdadeiramente as pessoas. E até encontrar Deus.

ACUMULAÇÃO — ESPAÇO E TEMPO DO TER MAIS E MAIS

Outra característica do espaço e do tempo em que vivemos é a acumulação, que é íntima da concorrência.

Vamos olhar um pouco à nossa volta, observar as pessoas com quem lidamos, contemplar a movimentação da nossa cidade. Veremos uma intensa atividade que segue horários, roteiros e ciclos com planejamentos diversos e ramificações de todo tipo. Veremos as pessoas se locomoverem em várias direções, usando variados meios de transporte. Tanto na zona rural quanto na urbana, essa movimentação é nitidamente marcada pelo trabalho. Dirigir-se ao local de trabalho e dele voltar diariamente é um marco na vida cotidiana da maioria das pessoas. Nas grandes cidades, por exemplo, esses momentos, chamados de *rush*, têm trânsito intenso, as ruas ficam repletas de carros, os transportes coletivos — ônibus, metrôs e trens — ficam lotados. Existe um clima de pressa e ansiedade que envolve a todos. É como se o tempo fosse marcado por esse ciclo, bem como a nossa vida. Despertamos e adormecemos marcados por ele. Não obstante, cada pessoa que se movimenta, apressada ou não, tem sonhos, objetivos e preocupações. A preocupação é uma espécie de sonho ao contrário. Nesse ritmo, nesse aparente corre-corre, procura satisfazê-los. Cada um "corre atrás" do que almeja.

O DINHEIRO, ESSE MEDIADOR

Entre as necessidades de cada um e sua realização existe um fator que faz o meio de campo: o dinheiro. Ele é visto por muitos de nós como o elemento que permite alcançar objetivos e nos livrar das preocupações. É aquela varinha mágica que realiza nossos desejos mais difíceis: compra a casa para morar, a casa de campo, a casa de praia, o carro do ano, a lancha, as viagens. Compra sonhos.

Na prática, o dinheiro é aquela mercadoria pela qual posso trocar todas as outras. O "equivalente universal", como nos falam na história da Economia. Sobre o dinheiro existe muita literatura, teses, teorias, piadas, ditados populares. Um deles sempre me chamou a atenção: "O dinheiro não traz a felicidade, manda buscá-la". Nesse ditado, o dinheiro aparece como o objeto de desejo que realiza todos os demais.

Em outras palavras, a maioria de nós primeiro corre atrás do dinheiro, para depois tentar alcançar nossos desejos. Ao contemplarmos a movimentação numa grande cidade, podemos dizer que quase todas as pessoas aglomerando-se nas calçadas, presas em engarrafamentos, lotando os ônibus estão em busca da mesma mercadoria: o dinheiro, esse mediador necessário. O mesmo acontece com quem vive em cidades menores ou nas regiões rurais. Ou com quem cruza os céus em aviões e as ruas em bicicletas; os oceanos em navios, ou os rios em barcos; as grandes rodovias, ou as estradas de terra. O dinheiro faz todo mundo se movimentar. Ou quase todo mundo.

Experimente perguntar a algumas pessoas envolvidas nessa movimentação: "O que você gostaria de fazer agora, se pudesse?". Muito provavelmente a maior parte vai lhe responder falando de seus desejos e sonhos. A maioria vai imaginar-se numa situação livre de preocupações, de ameaças, de inseguranças: "eu gostaria de estar viajando, de estar com a família, tirar umas férias, pagar minhas dívidas."

Poucas vão dizer que gostariam de estar fazendo exatamente o que fazem naquele momento.

Se você aprofundar a pergunta, certamente no final da linha encontrará o dinheiro na maioria das respostas. Algumas pessoas acham que não têm, outras querem mais, mas quase todas relacionam a realização de seus desejos com o "ter dinheiro". Experimente.

O MEDIADOR QUE, ÀS VEZES, SEPARA

Apesar de se afirmar o contrário, o dinheiro na maioria das vezes nos separa das coisas que desejamos, ao invés de aproximá-las de nós. Geralmente experimentamos mais a frustração, a falta das coisas, a não realização dos desejos do que a sensação de satisfação ou felicidade. Não vem daí o fato de quase sempre desejarmos algo diferente do que estamos fazendo? De sempre querermos mais do que já temos, até para quem já não consegue usar tudo o que tem?

Essa sensação de falta, de distância das coisas, ao mesmo tempo que nos traz insegurança, leva-nos a buscar o que queremos: a satisfação dos nossos desejos, nossa segurança. Lança-nos, com nosso consentimento, no corre-corre da vida, na busca do mediador universal, o dinheiro.

Entramos numa curiosa corrida sem fim nem limites. À medida que satisfazemos uma necessidade, criamos outra. Quando um desejo é alcançado, surge outro. Quando um sonho está próximo, outros se multiplicam. Nossa vontade de estar numa situação diferente, de estar em outro lugar, fazendo outra coisa, continua. Definimos o dinheiro como objeto de nossa busca e continuamos. Depois de algum tempo, já não sabemos se buscamos o dinheiro para satisfazer nossos desejos, ou se nosso grande desejo se torna buscar o dinheiro. Com essa percepção, cabe-nos refazer a pergunta que nos acompanha e deixá-la mais uma vez no ar: e o espírito, onde está?

BEM-SUCEDIDO, O QUE SIGNIFICA?

Sem dúvida existe uma insatisfação que sabemos ser positiva, que ao longo dos tempos faz os indivíduos e sociedades buscarem novas soluções para os mais diversos problemas. Está na raiz do progresso científico, tecnológico e social. Identifica-se com a atitude criativa do ser humano e de cada indivíduo.

Essa inquietude humana, que nos faz buscar novos conhecimentos, que nos conduz a novas descobertas, que nos desperta atitudes altruístas, na maioria das vezes é substituída pela insatisfação que nos impulsiona em direção ao ter mais, ganhar mais, acumular. Criamos falsos sonhos e, muitas vezes, verdadeiros pesadelos para nós e para os outros.

E onde fica o espírito?

Parece que existe uma espécie de "motor" na atividade humana que compele as pessoas a acumular riquezas. Quem tem quer ter mais, a ponto de, na nossa cultura, a conquista de mais e mais identificar-se com sucesso. Bem-sucedido na concepção mais usual é aquele indivíduo que nunca parou de acumular riquezas.

Você provavelmente já ouviu alguém comentar sobre um intelectual, ou um cientista, ou um artista, algo como: "Muito brilhante, talentoso, fez grandes descobertas, mas não teve muito sucesso na vida. Morreu pobre." E muitas vezes esse "pobre" é sinônimo de uma vida decente, digna e cheia de alegrias, até grandiosa.

É POSSÍVEL HUMANIZAR A ACUMULAÇÃO

O homem talvez seja o único animal do planeta que acumula muito além de suas necessidades. Os animais, de modo geral, buscam o suficiente para a sobrevivência. Quando matam, fazem-no para saciar a fome ou disputar um território, garantindo a própria vida. Essa regra está diretamente ligada à harmonia que encontramos no meio ambiente, aquilo que os cientistas costumam chamar de "equilíbrio ecológico".

Os animais predam-se uns aos outros, mas mantêm-se em equilíbrio. Não acumulam exageradamente. Não aprenderam a secar a carne, a salgar o pescado, nem inventaram a geladeira. O procedimento de acumular por longo prazo e acima das próprias necessidades é essencialmente do ser humano.

Em si, o ato de acumular é sinal de inteligência desenvolvida. Viabiliza a sociedade organizada tal como experimentamos, que acumula conhecimentos, ciência, tecnologias, cultura, tradições e alimentos.

Provavelmente, para os primeiros grupos humanos, acumular e conservar alimentos para tempos futuros — salgar e secar a carne, o pescado etc. — significou o próprio sucesso, a sobrevivência num meio extremamente hostil. Com o decorrer do tempo, além de acumular e conservar os frutos da caça e da pesca, os grupos humanos aprenderam a cultivar a terra, tornando-se mais fortes e estruturados socialmente.

É claro que hoje a acumulação e a conservação dos alimentos é fundamental para as sociedades, embora o que mais apareça na mídia seja o aspecto comercial dessas técnicas, cada vez mais sofisticadas. O ponto central, entretanto, é que essa acumulação não se dá de modo tão organizado que coloque o bem-estar das sociedades e das pessoas como principal objetivo.

Parece que o impulso para acumular além das próprias necessidades invade, semelhante a uma doença, a vida do próprio indivíduo. Acumular dinheiro, riquezas, empresas, imóveis, objetos, cada um na medida de suas possibilidades, e não mais de suas necessidades. É como se acumular bens sobre bens nos garantisse um futuro tranquilo. É como se, com isso, déssemos a nós mesmos uma espécie de segurança existencial.

ACUMULAR OU PROSPERAR?

Buscar a diferença entre acumular e prosperar pode nos fazer lidar melhor com toda essa questão. Prosperar baseia-se no sentimento de esperança. É algo próprio do indivíduo que sempre espera dias novos e melhores para si e para os outros, enquanto acumular baseia-se geralmente no sentimento de insegurança.

Prosperar é um objetivo natural, sadio, de todo ser humano. Sentir-se melhorando na vida traz muita satisfação e alegria. Mas como sabemos se o indivíduo está realmente prosperando? Como medir isso? Habitualmente, para responder a essa pergunta, somamos os bens amealhados pelos indivíduos.

É necessário ter um olhar mais abrangente. A verdadeira prosperidade parece ser uma escolha mais completa. É o indivíduo que escolhe como ser humano que é. Por isso a prosperidade é integral. Prospera-se:

- Na vida material — compra casa, adquire outros imóveis, carros, pode até montar a própria empresa. Economiza, junta dinheiro, esforça-se para ter um objeto desejado. Cuida do futuro.
- Na vida cultural — desenvolve os dons da inteligência e artísticos, estuda e se aperfeiçoa.
- Na vida psicológica — torna-se mais capaz de entender e compreender o comportamento humano, ajudando a si e aos outros.
- Na vida social — desenvolve sua capacidade de se relacionar com os outros, tornando-se sensível às necessidades e aos pontos de vista alheios.
- Na vida familiar — você percebe que sua família é formada por pessoas com quem você cresce e que crescem com *você*.

• Na vida espiritual — você entende que os bens materiais que conquista estão inseridos numa sociedade e dela fazem parte. Quanto mais estiverem a serviço de todos, mais crescerão. Você cresce espiritualmente, nesse aspecto, à medida que faz dos bens materiais mediadores para se relacionar com os outros. O espírito se desenvolve quando se compromete com o desenvolvimento do outro.

A VIDA COM SENTIDO — TEMPO E ESPAÇO DO ESPÍRITO

O desenvolvimento cultural, psicológico e social nos torna úteis aos demais. Esse "ser útil" se manifesta de muitas formas: num sorriso, numa atitude otimista e positiva, num momento de consolo, de escuta, numa boa palavra, no fechamento de um bom negócio, na condução de uma empresa.

Nosso desenvolvimento espiritual permite-nos inserir tudo isso numa dimensão em que as coisas fazem sentido. Escolhemos um sentido para os acontecimentos: "fazer o mundo um pouco melhor por onde passarmos." Certamente o mundo das pessoas que se relacionam conosco também será melhor. Essa é a dimensão espiritual: a vida com sentido. É uma escolha nossa, de cada um. Essa escolha, em sua expressão mais profunda, coloca-nos diante de um mistério. Mistério que não se apresenta como o que desconheço, o que está além da minha inteligência, mas antes como uma dimensão de muitos aspectos na qual podemos crescer sempre. Uma dimensão que nos proporciona um futuro aberto, por construir; que alimenta nossa esperança; que nos faz acreditar — a isso chamamos prosperidade.

Algumas pessoas escolhem intensificar mais um aspecto do prosperar que outro. Tomemos o exemplo de um músico. A música torna-se predominante em sua vida. Seu interesse, seu tempo, leituras, pesquisa, conversas, modo de ver a vida: tudo gravita em torno da música. Os demais aspectos acontecem por meio dele. Dizemos então que ele aponta o caminho da sua dimensão espiritual.

Poderíamos tomar muitos outros exemplos, seja no campo das artes, seja entre as profissões mais conhecidas, seja nos esportes. Se analisarmos todos esses casos veremos que a dedicação predominante da pessoa a um deles equilibra toda a sua vida. Por meio desse eixo a dimensão espiritual se manifesta.

MEU FOCO, MEU SENTIDO — CUIDADO!

Você pode, entretanto, concentrar sua energia em focos diferentes. Por exemplo, em acumular bens materiais. Se seu foco for esse, você poderá criar um desequilíbrio entre os aspectos que constituem sua prosperidade, centrando-se apenas na atitude acumulativa. O importante passa a ser "ter mais e mais", custe o que custar. Para isso vale quase tudo. Em casos extremos, se preciso for, a ética vai para o espaço.

Os desenvolvimentos cultural, psicológico, social e outros ficam subordinados ao objetivo de "acumular bens". Tudo o mais é relativo; só isso é absoluto. Você escolhe, cria, cultiva e engorda essa divindade. Em troca, ela lhe promete segurança, poder, prestígio e todas as coisas boas da vida. Sua dimensão espiritual fica escondida, sem chances. A única esperança é que ela fica lá, aguardando uma oportunidade para se manifestar. Oportunidade que às vezes aparece por meio do sofrimento, por exemplo, com uma doença, a perda de um ente querido, um negócio que deu errado.

SENTIDO: ESCOLHA SEM GARANTIA

A característica principal é que, nesse processo de acumular, você não insere a questão do sentido da vida. Ou melhor, seu único sentido, sua única missão é você mesmo. Mas o espírito, como vimos, fica espreitando. Às vezes não é necessário nenhum sofrimento ou outro acontecimento especial para despertá-lo. Por um ou por outro motivo, fazemos algumas perguntas: "Por que a sociedade é assim?", "Como me vejo daqui a trinta anos?", "Apenas passamos pela vida?". Nesse momento nos tocamos, ou seja, nosso espírito nos toca, aponta direções.

Porém, ninguém vai nos dar garantias de que essas outras direções são mais certas ou melhores do que as que estávamos seguindo até então. Esse jogo de certo ou errado, bom ou mau, não vai nos trazer grandes luzes. Na verdade, você estará sempre diante de uma escolha.

No caso específico, uma escolha entre somente acumular ou prosperar. Entre ver um único sentido na vida — ter coisas — ou abrir-se a muitos outros sentidos e dimensões. Uma escolha para dar novo significado ao dia a dia.

Se de um lado ninguém nos dá garantia dessa escolha, de outro podemos experimentar indícios de que ela vale a pena. Principalmente em nossas experiências comuns, afinal, os grandes acontecimentos são raros em nossa vida. Ela é feita do cotidiano, dos pequenos encontros, dos pequenos fatos, alguns até aparentemente repetitivos.

Provavelmente você já deve ter pensado ou ouvido alguém dizer algo como: "Se um filho meu corresse risco de morrer, eu seria capaz de dar minha própria vida para salvá-lo, mesmo que para isso tivesse de enfrentar um leão com as próprias mãos, ou protegê-lo de um tiro com o próprio corpo."

Ou já deve ter ouvido algo como: "Gostaria de ver todos os corruptos na cadeia. Não hesitaria em ajudar a polícia a caçá-los."

E deve conhecer outras falas semelhantes. São atitudes e sentimentos que temos de admirar, dos quais ninguém duvidaria. Mas quando foi a última vez que você viu seu filho diante de um leão? Quantas vezes alguém tentou atirar em seu filho na sua frente? Quando foi a última vez que a polícia lhe pediu ajuda, a fim de capturar um corrupto?

Entretanto, quantas vezes na última semana um de seus filhos tentou lhe contar algo importante e você ouviu, mas com a cabeça nos negócios? E por falar em negócios, quantas vezes você já se viu diante de "oportunidades" de oferecer e receber propina? Você não quer caçar corruptos?

NAS PEQUENAS COISAS, O GRANDE SENTIDO

Nossa vida é feita de pequenos leões, de gatos, diria. São as pequenas corrupções, as omissões, a insensibilidade e outros felinos, esses é que surgem. Nossa felicidade está ou não nesses pequenos fatos diários. Eles somam a nossa vida. Ressignificá--los é ressignificar a vida.

Quem sabe deixamos nossos filhos tantas vezes diante de um "gato" que eles agora estão à mercê do leão das drogas, do leão da indefinição profissional?

Mesmo assim, sentimo-nos capazes de dar nossa vida por eles, de atirar-nos sobre o leão, ou na frente do revólver. Ninguém duvida disso, mas isso quase não acontece. O que acontece é o dia a dia. É lidando com os "gatinhos" que ajudamos nossos filhos a construir o próprio futuro, desejo de todos os pais. Assim cultivamos nosso relacionamento com as pessoas, despertamos e conquistamos confiança.

Perceber isso é prosperar; é ganhar dinheiro sem idolatrar o deus da acumulação; é abrir-se a todas as dimensões; é espiritualizar-se; é deixar o espírito desabrochar.

Ao prosperar você ganha amigos, filhos, esposa, marido, conhecidos, novos relacionamentos. Você ganha dinheiro na sua profissão, nos seus negócios, mas com sentido. Um sentido maior. Esse sentido maior não encontramos sozinhos. Só o encontramos olhando os outros, prestando atenção neles.

Ao falarmos em prosperar, temos de relacionar "ganhar dinheiro":

- ao sorriso das crianças.
- ao que seu filho quer lhe falar.

- ao problema de seu amigo.
- à boa notícia daquele outro.
- aos negócios.
- à ética.

Temos de fazer um "mix". Prosperar, na prática, é saber compor e equilibrar esse "mix". E nele, não se espante, em algum momento pode ser mais importante ouvir o que um filho ou um amigo quer lhe dizer do que fechar um negócio.

O problema do espírito é que ele se manifesta nas coisas mais simples, mais corriqueiras, mais rotineiras. E nós esperamos por fatos e momentos grandiosos para enxergá-lo.

Sob essa óptica, percebemos que sem um relacionamento verdadeiro entre as pessoas não há prosperidade. Relacionamento que desde o início deve ser marcado pela ética.

ÉTICA — TEMPO E ESPAÇO DE TODOS

Falar de relacionamento em sociedade é falar de ética. Onde há pessoas convivendo, há direitos e deveres. Só o respeito mútuo pode fazer uma sociedade próspera e verdadeiramente humana.

Se abrirmos um bom dicionário e consultarmos o verbete "ética", encontraremos uma explicação como esta:

> Parte da filosofia responsável pela investigação dos princípios que motivam, distorcem, disciplinam ou orientam o comportamento humano, refletindo especialmente a respeito da essência das normas, valores, prescrições e exortações presentes em qualquer realidade social. (Dicionário Houaiss da Língua Portuguesa. Editora Objetiva)

No uso comum, quando dizemos que alguém "tem muita ética", entendemos que se trata de um indivíduo cujo comportamento é sincero, verdadeiro e honesto. Um indivíduo que, ao se relacionar com os demais, procura preservar esses valores em si e nos outros. Além do seu próprio bem, escolhe o bem dos outros e o bem comum como prioridade.

Vivemos num mundo de interesses. As nações têm interesses, as empresas, as organizações governamentais, os indivíduos. Todos têm interesses. Na troca de satisfações desses interesses acontece a maior parte do relacionamento entre as pessoas.

É no equilíbrio da satisfação dos interesses que acontece a satisfação pessoal. A ética busca esse equilíbrio, que é muito menos presente nos relacionamentos do que pode parecer. Não é raro vermos pessoas disfarçarem o próprio interesse, parecendo preocupadas com o bem de outra pessoa. Muitas vezes nos pegamos nessa atitude.

Haja vista as campanhas eleitorais, ocasião em que o nível de interesse dos candidatos pelos problemas da população eleva-se a dimensões gigantescas. Todos se interessam pelos abandonados, desabrigados, sem-teto, sem-terra, desempregados e vítimas da violência. Interessam-se pelo seu conforto, pela sua saúde, pelos transportes coletivos, pela reforma agrária, pelo fluxo do trânsito e até pelo excesso de impostos que você paga.

VIVEMOS NUM MUNDO CONFLITIVO

Falar de candidatos é fácil, divertido e, às vezes, triste. E quanto a nós, vivemos à margem desses problemas? Estamos além dessas atitudes? Ou colocamos também nosso interesse acima de tudo, disfarçando-o em promessas, sorrisos e boas maneiras? Qual o nosso real nível de interesse pelos outros?

Você já permitiu e até incentivou seu filho a viajar num fim de semana, quando o que você queria mesmo era sossego? Será que você já elogiou alguém, "encheu a bola" e depois pediu um favor a essa pessoa? Você já sorriu para aquele sujeito arrogante e antipático porque dependia dele para realizar um bom negócio?

Vivemos num meio "conflitivo". Será que, nesse meio, podemos escolher ser éticos? Será que podemos sempre ser francos e transparentes? Podemos falar em alto e bom som tudo o que pensamos em nome da verdade e da coerência ética? Se o fizermos, provavelmente teremos muitas brigas e desentendimentos. Imagine você dizer à queima-roupa para um amigo que o terno dele está fora de moda; ou a um artista que o quadro que pintou é horroroso; ou àquela conhecida que está gorda e cheia de saúde; ou àquele político que o procura para favores que ele é um desonesto e deveria estar na cadeia. Certamente passaríamos por pessoas antissociais.

Nem tudo pode ser falado, mesmo quando é verdade. Há situações mais simples, como vimos, em que isso é óbvio. Mas há situações cuja complexidade nos traz muitas dúvidas sobre como proceder.

Quando falar, quando não falar? Quando aceitar, quando reagir? O que aceitar, o que não aceitar? Aceitar tudo? Correr o risco do "vale tudo"?

"Topo tudo. Vendo-me, compro pessoas, invento uma história aqui, outra ali. O importante é o objetivo final." Será isso? Ou será melhor optarmos pelo silêncio conveniente? Vemos tudo, percebemos tudo, mas nos calamos.

ATÉ ONDE RESPEITAR?

Eu não sou ético sozinho. A ética acontece no relacionamento. As pessoas se relacionam fazendo escolhas semelhantes, diferentes, convergentes e divergentes. E todas querem que suas escolhas sejam respeitadas. Como ser ético nessa situação?

Talvez a nossa principal questão na vivência da ética seja manter, no relacionamento, a coerência com os valores que escolhemos e respeitar as opções diferentes das nossas. Mas qual o limite desse respeito? Até onde devo mantê-lo?

Quem vive no mundo dos negócios, da política e do trabalho experimenta constantemente essa situação. São muitas as oportunidades de mentiras, desculpas, negócios escusos e outros. Sabemos que essas coisas não existem pela metade: não existe meia mentira, meia desonestidade. Ou você é verdadeiro ou não, honesto ou não. Há, sim, fatos e situações mais graves ou menos graves. Alguém, por exemplo, que desvia dinheiro destinado a um hospital de crianças pobres comete um ato mais grave do que aquele que suborna um guarda rodoviário por estar acima da velocidade permitida. Quem falsifica remédios, comprometendo a saúde de milhares de pessoas, comete um ato mais grave do que quem adultera combustível.

O NÓ DA QUESTÃO

O nó da questão não se encontra só na gravidade das ações, como pode parecer, mas na justificativa para cometê-las. Mais precisamente naquele que as justifica, isto é, nós mesmos. Eu justifico a minha ação, você justifica a sua. Nós somos os juízes de nós mesmos, quase sempre benevolentes.

Quando admitimos faltar com a ética, sempre achamos que nossa ação não é tão grave. As ações dos outros são sempre piores. Esse é o começo de tudo, o princípio de todas as justificativas presentes e das que virão. Desenvolvemos uma atitude oportunista que está sempre à espreita do melhor momento.

Acontecem primeiro as faltas pequenas, que, justificadas, levam às demais. Não é aquele fato pequeno — por exemplo, dizer que vai viajar quando não vai — que está em jogo. Qualquer um seria capaz de dizer "faço isso porque a consequência é mínima". O que está em jogo é a atitude interna que desenvolvemos e que se tornará nosso modo de ver a vida e os outros, que condicionará nossas escolhas. Logo poderemos dizer "se eu não fizer isso, outro vai fazer". Corremos o risco de, em breve, justificar um negócio maior, uma negociata.

"O rio corre para o mar", diz o ditado. A conduta ética funciona de modo semelhante: quando nos damos conta, o que era um filete de água tornou-se um rio caudaloso. Muitas vezes nem percebemos as fases intermediárias.

É uma escolha. Vale a pena?

ÉTICA X MORALISMO

Não vamos confundir ética com moralismo. Moralista, no senso comum, é aquele sujeito que quer corrigir tudo e todos. Está sempre achando que as pessoas e os costumes estão errados, que a sociedade caminha para uma situação sem volta em que todos os valores serão destruídos. Não consegue enxergar nada ou quase nada de bom que a sociedade atual tenha conquistado. Não percebe que hoje as pessoas podem expressar mais livremente suas opiniões e seu modo de ser, que na verdade a sociedade só se realiza plenamente quando aceita o pluralismo, tendo como objetivo principal o respeito ao indivíduo e ao bem comum.
    Ser ético não é tarefa fácil, não é apenas assumir determinada conduta sem abrir mão do próprio modo de ver e julgar a vida e as pessoas. É bem mais que isso. Ser ético é antes de mais nada saber conviver, lidar com diferentes modos de agir e assumir uma conduta respeitando os outros e suas escolhas.

A VIDA É PRÁTICA. E A ÉTICA?

A vida diária é prática. Coloca-nos constantemente diante de situações e fatos com os quais temos de interagir. Nesses momentos toda a nossa reflexão, toda a nossa "filosofia" ou se manifesta em pequenas reações, atitudes, princípios práticos, ou não nos servem.

De que adiantaria alguém discorrer sobre os princípios do funcionamento da bússola, seus benefícios, a importância de o ser humano se orientar, as relações do magnetismo com a orientação etc., se não fosse capaz de andar alguns metros na mata sem se perder, por não saber usar a bússola quando necessário?

Não vamos encontrar uma receita de "como ser éticos" pronta para ser aplicada a qualquer situação. Existem, contudo, algumas considerações práticas que podem nos ajudar e talvez ser aceitas por pessoas de diferentes religiões, profissões, classes, culturas e nacionalidades. Arriscaria algumas:

- As pessoas vivem de acordo com as próprias escolhas. Lembre-se sempre disso.
- As escolhas que você faz não devem prejudicar ninguém. Devem beneficiar você e os outros. Não existe escolha sem consequência.
- Fale a verdade, mas não ofenda as pessoas.
- Tenha palavra. Se precisar, demore a decidir. Se for o caso, fique calado. Mas quando afirmar algo, só volte atrás com argumentos compreensíveis pelos demais.

Lembre-se: algumas vezes, o bem maior exige uma atitude mais firme, que implica algum sacrifício de alguém, seu e/ou dos outros.

Acredito que vivendo esses princípios práticos temos um caminho, entre outros, para manter conosco e com os demais uma conduta ética. São caminhos, não fórmulas. Isso porque a vida nos coloca diante de muitas situações novas e inesperadas em relação às quais não podemos preestabelecer nossas reações de modo previsível e fixo.

Imagine a situação:

Um colega da empresa está tomando um caminho que a seu ver pode prejudicá-lo profissionalmente. Analise esse exemplo à luz dos princípios mencionados. É claro que você pode escolher outros. Mas tente essa experiência. O que você diria a ele? Que linguagem você usaria? Certamente não usaria uma linguagem direta: "Você está errado, vai se prejudicar...". Isso provocaria reação de defesa e justificativas.

Evitaria também uma linguagem paternalista: "Sou seu amigo, quero seu bem, por isso o previno." Nem usaria um apelo egoísta do tipo: "Olhe o seu lado, é o seu futuro que está em jogo...".

Essas abordagens, muito usadas, na verdade criam mais resistência que abertura, às vezes até ofendem as pessoas.

Que tal lembrar-se do princípio "diga a verdade, mas sem ofender"? Ao fazê-lo, além de pôr a imaginação para funcionar, você deve considerar que está se relacionando com uma pessoa inteligente, sociável e sensível. Portanto, é importante que sua linguagem seja inteligente, servindo-se de argumentos adultos, ponderados, levando em conta os vários lados da questão. Sabendo dar razão em parte e questionar em parte. Que respeite o caráter social dessa pessoa: ela não está sozinha na vida, relaciona-se com outras pessoas. É capaz de somar para a empresa, de ajudar os demais. Finalmente, que seja uma linguagem sensível, demonstrando a consciência de que essa pessoa tem ideais, projetos e sonhos, que quer também se sentir bem, feliz. Quer realizar-se do mesmo modo que eu, você e qualquer um.

Se estiver diante de uma atitude excessivamente crítica ou de franqueza agressiva, um bom começo de conversa poderia ser algo do tipo: "Esse caminho que você escolheu é difícil, admiro você por isso. Acho que não seria capaz de segui-lo." Ou então, caso se trate de uma atitude claramente antiética, uma proposta de suborno, por exemplo: "Esse caminho é muito perigoso, você não acha? Espero nunca ter de usá-lo."

Tente imaginar a continuação do diálogo ou busque outro meio de começar. Quem sabe você está vivendo neste momento uma situação semelhante? Mas se lembre: em última instância, as pessoas vivem de acordo com suas escolhas. Você não deve tomar como objetivo convencê-las do contrário a qualquer custo. Mesmo que tente, a possibilidade de conseguir será muito pequena. Respeite-as. O limite desse seu respeito existe e só será dado pela vivência concreta da experiência.

Lembre-se também de que, quando alguém escolhe alguma coisa, escolhe junto as consequências.

AFASTAR-SE: O ÚNICO CAMINHO?

Haverá casos em que só poderemos respeitar e nada mais. Não encontraremos meios de denunciar, evitar, dar conhecimento a outros ou algo semelhante. A vida concreta nos põe em situações desse tipo, em que não encontramos a ponte entre o manual dos valores e as ações. Muitas vezes só nos restará não compactuar e nos afastar.

Imagine a situação, que também não é rara, em que você recebe para sua empresa uma proposta desonesta de um cliente que não pode ser ofendido. Quanto à proposta em si, geraria bons negócios. Como você agiria? Esse é um dos pontos mais difíceis de quem vive e atua no mercado. Se você de imediato diz "sim" à proposta, também opta pela falta de ética. Se você simplesmente diz "não", nega-se a procurar uma saída honesta.

Tente um exercício de reflexão, usando os princípios de que falamos ou outros.

- Cada um vive de acordo com suas escolhas.
- Fale a verdade, sem ofender.
- Mantenha a palavra.
- Faça suas escolhas sem prejudicar os outros.
- Seja firme, mesmo com algum sacrifício.

Seria tão bom se tudo fosse normatizado e claramente separado em categorias... Só que o ser humano não é assim. Sua vida não se resume a "sim" ou "não". Ele age com seu racional, seu emocional, sua vontade, suas contradições, seus limites e seus interesses. Ele está integralmente em cada ação. Como supor normas absolutamente claras de ação, se o próprio indivíduo não é constituído com essa clareza? E as situações, por sua vez, são sempre claras?

OS FINS OU OS MEIOS?

Uma coisa é certa: mantenha com firmeza alguns princípios semelhantes aos que falamos e encontrará uma saída. O espírito sempre encontra uma saída.

Na dúvida, prefira ficar com os valores reconhecidos e conquistados ao longo da história das muitas sociedades: a verdade, a justiça, a honestidade, o respeito e a liberdade. "A verdade vos libertará."

Só para complicar...

Suponhamos duas situações diferentes. Uma em que a pessoa pretende usar uma quantia, fruto de suborno, para destiná-la a uma creche de crianças carentes e promover-se politicamente. Outra em que a pessoa quer usar o dinheiro obtido em beneficio próprio, numa viagem de turismo. Qualquer um de nós concorda que estamos diante de situações diferentes. Qualquer um perceberá as diferenças de propósito. Entretanto, a ética dominante aplica um princípio idêntico às duas situações: "O fim não justifica os meios."

E agora? Você consegue solucionar situações diferentes com um princípio único? Entre nós, seres humanos, não existem os princípios normativos e a convivência? A nossa convivência resume-se a aplicações puras e simples de normas? Porém, sem as normas, como conviver?

Haveria uma "ética da convivência" diferente da "ética dos princípios"? Curiosamente, em algumas situações extremas a sociedade admite uma ética da situação, até em relação à própria vida humana. A ética diz que não podemos tirar a vida de ninguém. Mas ao soldado é permitido matar na guerra. É permitido a um indivíduo matar em defesa própria.

Não estamos diante de situações diferentes e que pedem princípios normativos diferentes?

Chegamos a uma situação muito curiosa. De um lado, existem os princípios éticos, aprimorados ao longo da História, que devem ser levados em conta. São mais que um ideal. De outro, existe a realidade de nossa vivência, que só pode ser entendida e experimentada como convivência, pois dependemos uns dos outros. Essa convivência nos apresenta diariamente situações concretas que nem sempre conseguimos equacionar apenas com a aplicação dos princípios éticos. Dessa mesma convivência surgem outros princípios que não estão nos manuais, mas brotam da vida.

Não existe um refúgio de pessoas totalmente éticas, que não deixam uma única vez o interesse individual prevalecer sobre o bem comum. Essa sociedade não existe.

Não existe sequer o refúgio existencial. Essa é a questão. Internamente somos divididos, somos conflitivos. É nessa tensão existencial que temos de buscar as saídas, é dela que nascem os caminhos, é dela que brota a luz.

Por isso, diante de uma situação nova, sem caminhos preestabelecidos, não diga "sim" de imediato, pois dessa forma você se torna conivente. Não diga "não" de imediato, pois assim você se declara incapaz de antemão. Você é espírito, e o espírito sempre encontra uma saída.

Se, além disso, você conseguir apreciar as pessoas, fazer o que faz com amor e perdoar quando necessário, se sentirá uma pessoa incrível. Viverá seu espírito e deixará o dos outros se manifestar. Você verá o espírito. Você experimentará Deus.

FALANDO COM O CORAÇÃO
— TEMPO E ESPAÇO DE DEUS

O raciocínio lógico e coerente nos encurrala. É necessário, mas nos encurrala.

Há mais ou menos 14 bilhões de anos a matéria extremamente quente e densa ocupava o tamanho aproximado da cabeça de um alfinete devido à sua hiperconcentração. Esse Átomo Primevo ou Ovo Cósmico, como chamam os cientistas, não estava em lugar algum, ele era todo o universo. Numa grande explosão, a matéria começou a se expandir e a esfriar, formando estrelas, galáxias e planetas que hoje conhecemos e pesquisamos.

Big Bang foi o nome dado pelos cientistas à explosão do Átomo Inicial, quando também tiveram origem o espaço e o tempo experimentados por nós hoje. É a essa concepção que a ciência, com todo o seu rigor lógico e matemático, nos fez chegar. Difícil até imaginar. Insuficiente, inclusive, para nos calar perguntas fundamentais, como: "E antes disso, o que havia?", "Havia um 'antes'?", "Pode haver um 'depois' sem 'antes'?", "E esse Ovo Cósmico, de onde veio?".

Ninguém vai negar a Ciência — ela tem fundamentos. Mas há um momento em que, sem negar a razão nem a Ciência, é melhor ouvir o coração. Novo ou safenado, ainda é ele o melhor consultor. Ouça-o. Afinal, ouvir é uma escolha.

A vida tem um sentido maior. Não nos resumimos a interesses, dinheiro, carreira, concorrência, competição, eficácia, resultados. Somos mais. Amamos e somos amados. Gostamos de pessoas. Sentimos saudade de quem perdemos, de quem está distante. Queremos ser felizes, sonhamos.

Escolha a alegria, escolha a compaixão. Escolha a gratuidade. Escolha Deus. É muito melhor. É difícil? Será mesmo? Todos os dias, em muitas situações, colocamos a nossa vida nas mãos dos outros.

Quando tomamos um táxi ou um ônibus acreditamos que o motorista nos conduzirá com responsabilidade, sem nenhum acidente. Quando entramos num avião, acreditamos na habilidade do piloto, na torre de comando e na equipe controladora, acreditamos em quem desenvolveu toda a tecnologia comandada pelas dezenas de botões instalados na cabine. Pomos nossas vidas nas mãos deles e voamos.

Quando atravessamos o semáforo verde para pedestres de uma movimentada avenida, acreditamos em quem o desenvolveu, em quem o instalou sem defeitos. Acreditamos que o motorista parado ali, com o motor ligado, não vai dar uma arrancada antes da hora.

Quando entramos numa sala de cirurgia e deixamos que primeiro nos "apaguem" e depois atinjam o interior do nosso organismo com o talho feito com bisturi, em quantas pessoas acreditamos? No médico cirurgião, nos seus ajudantes, no anestesista, nas enfermeiras, nos que produziram a anestesia e os demais medicamentos, nos fabricantes dos aparelhos que estão sendo utilizados ali, naquele momento. Nas mãos dessas pessoas entregamos nossa vida.

Nas mãos de quantas pessoas entregamos nossa vida todos os dias? Se você coloca sua vida tantas vezes nas mãos de tantas pessoas, por que seria tão difícil colocá-la nas mãos de Deus?

Não importa qual seja o rosto do seu deus: cristão, judeu, árabe, hindu, budista ou sem rosto. Basta você acreditar um pouco também. Acreditar que sua vida vale a pena. Que a alegria que você sente, que as pessoas que você ama e que amam você permanece. Que a vida tem um sentido maior. A vida que é feita do dia a dia, das coisas comuns, dos pequenos acontecimentos, vez por outra de algo mais significativo.

O espírito é assim mesmo. Manifesta-se nas pequenas coisas do dia a dia. Nas mais simples, mais corriqueiras, mais rotineiras. E nós esperamos enxergá-lo nos grandes acontecimentos. Mas se lembre: "o rio corre para o mar."

Não entendo tudo, mas vivencio, sinto. Afinal, coloco minha vida também nas mãos de Deus. O raciocínio lógico, matemático e científico necessário nos levou ao conceito do Big Bang. Uma concentração de matéria do tamanho de um grão de mostarda, anterior a tudo e que deu origem a tudo que conhecemos no universo, inclusive ao tempo e ao espaço. Na verdade, encurralou-nos na cabeça de um alfinete. Não duvido. O homem é um ser racional, assim aprendemos.

Mas meu coração me diz algo muito maior. Ele me diz que o homem é um animal capaz de acreditar.

"Deus, Deus... e nada à parte".

DESPEDIDA

Se para você for difícil colocar-se nas mãos de Deus, tenha pelo menos o cuidado de não entregar sua vida nas mãos dos deuses.

Absolutizamos uma série de coisas. Apostamos nelas a nossa vida e só mais à frente — e às vezes, infelizmente, muito lá na frente — vemos que perdemos a aposta. Ou melhor, vemos que aquela aposta não valia a pena.

Não aposte sua vida, por exemplo, nas metas da empresa em que trabalha. As metas são da empresa, não são suas. Virou moda "mergulhar de cabeça" na missão da empresa. A missão é da empresa, não é a sua missão. Você pode se dedicar às metas da empresa em que trabalha, ajudá-la a realizar sua missão, isso não tem nada de mais, é normal, é profissional. Mas você não pode apostar sua vida nisso. Simplesmente porque a vida é muito mais rica que tudo isso, ainda mais a sua. Mesmo que você seja o dono da empresa, sua vida sempre será muito maior que ela. Falsos deuses.

Normalmente, há um momento em que a empresa vai para um lado e você vai para outro. A vida une, a vida separa. Por isso, é mau negócio apostar em algo que, de repente, pode não fazer mais parte de sua vida, nem você dela.

Lembre-se também de que os deuses — nem sempre, mas muitas vezes — apresentam-se com máscaras. Por trás de muitas missões bem-redigidas, valores apregoados e metas bem-traçadas está apenas o objetivo de aumentar a produtividade e o lucro. O lucro, no mundo empresarial, é bom e necessário. Não é preciso travesti-lo de nobres missões para justificá-lo. Uma empresa tem a responsabilidade, entre outras, de ser lucrativa e ponto — evidentemente, com ética e sustentabilidade, no pleno sentido da palavra.

    Você deve conhecer no seu ramo de negócio alguns profissionais que não conseguem falar de outra coisa a não ser daquilo que fazem. Com eles, você não consegue falar da vida, da natureza, da beleza de um rio, de um problema social, de uma cultura diferente da nossa. Ou melhor, você consegue por uns poucos momentos, e logo a conversa recai na atividade profissional. São pessoas, na maioria das vezes ótimas, que se tornaram unidimensionais. Será esse o preço da idolatria? Ou tornar-se unidimensional é a própria idolatria?

    Somos seres de múltiplas dimensões e temos de lutar para estar abertos a todas elas.

    A vida é mais rica e maior que tudo.

Produção editorial
Ana Carla Sousa
Frederico Hartje

Copidesque
Marília Lamas

Revisão
Ângelo Lessa

Diagramação
Trio Studio

Este livro foi impresso no Rio de Janeiro,
em outubro de 2010, pela Ediouro Gráfica, para a Editora Agir.
A fonte usada no miolo é Iowan Old Style, corpo 10,5/14,5.
O papel do miolo é offset 75g, e o da capa é cartão 250g/m².